破解亲密关系的密码

王裕如——编著
朱建坤——执行主编

Demystifying the secrets of intimacy

北京时代华文书局

图书在版编目（CIP）数据

破解亲密关系的密码 / 王裕如编著；朱建坤执行主编. — 北京：北京时代华文书局，2022.6
ISBN 978-7-5699-4609-3

Ⅰ.①破… Ⅱ.①王…②朱… Ⅲ.①婚姻—通俗读物②恋爱—通俗读物 Ⅳ.① C913.1-49

中国版本图书馆 CIP 数据核字 (2022) 第 066513 号

破解亲密关系的密码
POJIE QINMI GUANXI DE MIMA

编　　著	王裕如
执行主编	朱建坤
出 版 人	陈　涛
策划编辑	周　磊
责任编辑	周　磊
责任校对	陈冬梅
装帧设计	孙丽莉　迟　稳
责任印制	訾　敬

出版发行	北京时代华文书局 http://www.bjsdsj.com.cn
	北京市东城区安定门外大街 138 号皇城国际大厦 A 座 8 层
	邮编：100011　电话：010 - 64263661　64261528
印　　刷	三河市嘉科万达彩色印刷有限公司　0316-3156777
	（如发现印装质量问题，请与印刷厂联系调换）
开　　本	880 mm×1230 mm　1/32　印　张	8　字　数	168 千字
版　　次	2022 年 6 月第 1 版　印　次	2022 年 6 月第 1 次印刷
书　　号	ISBN 978-7-5699-4609-3
定　　价	42.00 元

版权所有，侵权必究

序　言

　　爱情之所以如此美丽诱人，因为那是创造生命的原创力。假若人类创造生命的过程是痛苦的，那么也许生命便难以如此灿烂、生生不息。当然，这是一个生物学的概念。如果从社会学的视角来看，当人类具有意识、文化、理想和物质追求之后，两性关系便成为人类最复杂、最激烈和最美丽的关系。当然，即便如此，两性之间的爱和性也是有天壤之别的。

　　自古以来，在世界范围内，人类对两性关系的要求几乎无一例外是严酷的，尤其是对女性的性贞节要求。因为性不仅关乎创造生命，更关乎财产、资源、子嗣和心理安慰等一系列人生重大事宜。人和其他动物一样有着生命周期，而唯有人类能够具有以爱情作为打开彼此身心之门的敲门砖，所以爱和性成为所有文化的母文化。人类只有通过各种方式来确保生命传递的专一性、物质财产的可靠性，才有可能使自己的生命及财产得以传承，让自己的基因得以延续。这就是封建传统的政治和道德的最高理念：重血缘、重权力、重财产，具体表现为力求有更多的妻妾、更多的后代、更多的财产。

　　时至今日，斗转星移。男人还是男人，女人还是女人，可是人们对于两性关系的认知已是天上人间、物是人非。在开放的现代社会，两性关系的交叉融合到达了一个从未有过的新境界。心和心的贴近、身体和身体的融合既超越了道德的束缚，也突破了法律的禁忌，那些人们耳濡目染、心知肚明的风花雪月、春景秋画，已成了市井生活中并不鲜见的部分。

与对非正当男女关系处以酷刑的时代相比，今日对非正当男女关系的宽容是一种社会进步的体现，却是一种对灵魂的虐待。这背后是贤妻良母的苦难，是对孩子们灵魂的玷污。说到终了，那不过是多余的钱财对醉生梦死的灵魂的亵渎。

人类的婚恋史，永远是婚内和婚外的博弈，只是在不同的时代，其内涵有所区别。在物质相对丰富的今日，"饱暖思淫欲"的现象有之，"以身心换利益"的现象有之，超越利益的两情相悦有之，一半是爱情一半是利益的亦有之。这是一个开放的时代，也是一个物质丰富的时代，婚姻恋爱的状态更是绚烂多彩，令人瞩目。本书以个案的形式介绍婚恋中的种种纠葛，并对这些个案进行分析和解读。

目录

婚前篇

缘分和陷阱	3
"职业"情人	10
爱情和欲望的博弈	17
"痴心"是一种病	25
"痴心"是一种心理失衡	33
特优女生的恋爱游戏	41

婚内篇

自我意识和他人意识	51
透视"亲密接触"	58
婚姻维护	65
"新上海人"的爱情	72
婆媳之争	78
"受虐"的功能	85
他有没有外遇？	92
精英女性的爱情悬念	98
男性世界的动荡	105
爱情天仙配	114
猜疑的后果	121

婚离篇

"可怜者"的离婚心情	131
为离婚而离婚的忧伤	139
爱情尊严	146
离婚的时机	153
抑郁的离婚者	160

婚外篇

究竟谁是"入侵者"？	169
好丈夫"出轨"分析	175
"聪明女人"和"笨男人"的较量	182
年轻妈妈的情感危机	189
把迷路的丈夫等回家	197
痴情和负心	205
"爱情警犬"	212
控制和侵犯	220
在等待的女人	228
身体和精神，爱情天平往哪边倾斜？	235
中外外遇心情比较	242

婚前篇

在恋爱、婚姻越来越开放、选择越来越多元的今天，婚姻早已不是恋人之间可以发生身体关系的门槛。也许可以这样理解，婚姻早已经失去了"性关系准入证"的意义。

在婚前序曲越来越长的日子里，恋人之间如何更直接、更准确、更亲密地互相了解，建立信任关系，以使未来的婚姻生活更和谐、更快乐、更自由，则是准新人们很在意、很关心，迫切想了解的。

本篇里的案例包含这样一些内容：有为了达到目标不遗余力、不计后果、不择手段的痴心女生，究竟为了什么，她们自己也不明白，其实这只缘于她们内心里翻江倒海的爱的能量；有些是被"物化"的女生，她们以身体和姿色为武器去获得男性的资源；有些所谓优秀的女生，在爱情上剑走偏锋，固执地按照自己的直觉，一厢情愿去经历"爱情"的酸甜苦辣。

总之，世代和世代之间，个人和个人之间，爱情没有模板。对于每个人来说，爱情都是唯一的，爱情美满、婚姻幸福则是普世的冀望。

缘分和陷阱

> 我们常常把感情中无法解释的现象归为缘分,缘分在很多时候成了机遇、巧合、命运和因果关系的总称,它带有浓厚的"宿命"色彩……

个案阅读 一个男人和两个女人的"缘分"

当同龄的男生还是不懂风情的傻小子时,18岁的贞的眼睛已经冒出了魔鬼的欲火。说不上是谁诱惑了谁,比她大15岁的端木老师似乎是在同样的瞬间深刻地感知了她特殊的存在。那是一种强烈的吸引力,他们身不由己地相互趋近。18岁的少女和33岁的男人,都处在一个心灵和身体欲望爆炸的阶段,因其成长、能量和渴望。他们的身体一旦结合,他们的灵魂便着火了,企图烧毁一切秩序和理性。贞急切地扑向老师的怀抱,老师像捧着甘露似的珍惜她。在这场爱恋中,现实中的一切仿佛都失去了意义,只有精神和肉体急切地融合……他们在外面租房,轰轰烈烈地同居了!

四年后,他们来寻求援助的时候,手拉着手进门。在整个咨询过程中,他们牵着的手都没有分开过。贞坚持要老师兑现当年的承诺,等到她工作后把她娶回家,而老师是个有家的男人,儿子是小学二年级的学生,妻子是研究院的老师。贞火辣辣地望着老师说:"你可以不选择我,但是我不知道自己会做出什么事情来,到时候你可别后悔……"

贞是大四的学生,由于被成熟男人开发得早,像早春的月季,鲜艳而丰腴。她咄咄逼人的声势使我感觉她的灵魂已经融化在她的肉体中。老师是个看似粗犷而实质上很腼腆的男人,也许是心理负担很重的缘故,他显得心事重重。面对贞的逼问,他搓着手不安地说:"不是我不爱你,而是我没有信心。我现在已经感觉跟不上你,再往后,我是一定会被你甩掉的……我这样子打算其实也是为你着想……"

贞认为,这些情况她都理解,老师更是应该很清楚。但是,既然老师诱惑了她,而她已经把自己全交给了老师,老师就要对自己的行为负责。贞大有非得彻底实现自己目的的打算。虽然在很尖锐地"交战",然而他们牵着的手却始终没有分开过,贞身体的热量带着渴望源源不断地传输给了老师。沉默良久,老师说:"我宁可毁灭自己,也要让贞快乐!"

这是一场没有前途的爱情。老师可以毁灭自己的生活甚至是自己的生命,然而这并不能带给贞真正的快乐。他们俩被肉体的快感迷糊了心智,全不顾除开肉体的享受外,人还有更重要的精神需求……在昆虫界，某些雄虫在交配后立即把自己的身体和生命作为礼物献给雌虫，它的目的是让配偶有更充足的营养可以养育后代，这符合生物进化的逻辑。可老师的毁灭是为了什么呢？

我问他们："你们是否为'毁灭'做了足够的准备？"

贞依然颐指气使，略带委屈状；老师无语，摊开两手，无奈之极。又一场毁灭和生存、理智和疯狂、缘分和陷阱的搏斗在我面前展开。

第二次咨询是老师单独来的，他想和盘托出自己的处境，整理自己纷乱的情绪，并让我为他做个评估。老师和他的妻子是中学同学，也算是相濡以沫、同甘共苦。当年的他家境十分艰苦，从小没有父亲的他是靠母亲在医院做护工把他养大的。母亲为了他失去两次可以嫁人的机会，他则把母亲的爱当作奋斗的动力，以优秀的成绩考入大学。妻子出身于知识分子家庭，被他略带忧郁的艺术气质（他在画古代仕女图上造诣很深）强烈吸引，排除了一切障碍嫁给他，而这种反差带来的后果是他对妻子的感激远远胜过对她的爱。遇见了贞以后，他真正找到了做男人的感觉。和贞在一起，在性的方面，他自由自在、愉悦而满足，然而他的灵魂因此受尽磨难，每天都处在激烈冲突的痛苦中。自从他和贞在外租房同居，妻子就已经感觉到，但是她默默地忍受着。他知道她的行为语言强调的底线：维持这份婚姻。妻子以自己的行为告知老师她的要求，老师尚存的一息理性也只是那样：把其他都给了贞，却把名分留给了妻子。现在，是老师面临着毁去自己最后那丝理性的时候,他是沉重、焦虑而又万分痛苦的。他知道,将毁灭的绝不只是婚姻,还包括妻子的生命、儿子的成长、自己和家人的生活意义等所有的一切。但是他没有退路,与其让贞破釜沉舟端出他的"行为道德问题",让他的妻子和孩子顶着个"变态""色狼"家属的臭名声,不如就让他因"婚外恋"而被议论和受责备,那总比被起诉强多了……

现在,纵然他想回头也已经千难万难,难于上青天!他已经进入了缘分的陷阱!

心理分析 缘分是自我毁灭的借口吗?

子夜时分,做完广播节目后,我收到了贞发来的消息:老师对妻子摊牌,提出离婚,他的妻子自杀了,现在正在医院抢救!

我知道老师"走向毁灭"的程序正式启动了。

当老师十分艰难地说出要离婚的意思后,他妻子的感觉是仿佛等待已久的那只鞋子终于落下来似的松了口气。从此,她可以不必再忍受那种被抛弃、被羞辱而又无望的等待!从此,她可以死心了,没有什么再值得留恋。孩子总会自己长大,即便有母亲陪伴,那种心如死灰、毫无生趣的妈妈又能给他什么!僵持了好长的时间,老师去了书房。在这生死攸关的时刻,谁也无法入睡。老师慢慢撑不住了,他开始迷糊,突然惊醒过来,冲过去看妻子，发现她已经安详地闭着眼睛。

再过两天，贞给我打电话，她的声音气若游丝，那种干枯和虚弱是从心底里散发出来的。她说这两天里她似乎经历了生死关，曾经想过放了他，但是没有他的日子实在太难挨了，她不知道什么时候不用工具她的生命也会自行消亡。她没有能力支撑没有爱抚的生命，她已经处在一个两难情境中，任何结果对她都是残忍的。她不希望自己毁灭，也不愿意别人毁灭，这种严重的心理冲突几乎使她身心瘫痪。

当一个女人或者男人被另一个男人或者女人深深吸引而又不可理喻、难以接受时，我们便感慨缘分使然。缘分在很多时候成了非理性、"玄学"的代称，纵然是刀山火海，因为是缘分，就在劫难逃，于是我们就把自己交给了缘分。难道缘分是自我放纵和自我毁灭的借口吗？

缘分究竟是什么？它是精神的还是物质的，是生理的还是心理的，是随机的还是命定的，是可控的还是不可知的？我们能够认知和分析缘分的实质吗？

心理解码　缘分的旁边是陷阱

假如我们以"存在"来解释虚无的缘分，那么缘分可感知、可观察、可触摸的表象就是"吸引"，那是一种<u>丝丝入扣</u>、脉脉相通、相契相合的融合。假如我们认同确有不可分割的缘分存在，我们就理解了"一见钟情"的爱情，也理解了罗密欧和朱丽叶的殉情、《失乐园》中描述的"死爱"。但是，我们有更多的经验可以证明，所谓的缘分是可以珍惜也可以回避的，我们珍惜的是可以使我们快乐的缘分，而回避和陷阱同时出现的缘分甚或大于缘分的陷阱。从生存或者发展的意义上说，存在是我们的第一本义，破坏我们生命和感觉的任何信息都应该被我们摒弃。无论缘分是什么，我们的现实主义态度使我们可以安全生存。

美国的心理科幻小说《塞莱斯廷预言》对缘分的假说是两个能量场契合的人在一起会形成一个场的循环，能量的对流使他们神采奕奕、红光满面，但是两人世界的循环也会形成封闭圈而和外界隔绝，此时人们的能量场也因此而枯竭。这种假说认为缘分更多是一种磁场和能量的匹配，人们常常提及的"来电"之说，就很形象地反映了人对这种磁场的瞬间感觉。曾经有研究"爱情的生物密码"的文章，虽然只谈皮毛未及本质，但也说明已经有人在努力探索，有人认为爱情的美满度有其生物学的原因。

即便爱情密码确实存在，也不可能是决定爱情的唯一因素。人是一个高度社会化、精神化的动物，对爱情的心理感受也越来越精致。在这样的情况下，跟着所谓的缘分走，跟着莫名的感觉走，其实就是跟着身体走，很可能会使自己陷入困境。两性关系至少受到三个因素的制约：生物因素、心理因素和社会因素。假如缘分是生物因素的话，也只是三分之一，而兴趣、价值观、道德感、审美和生活习惯等心理因素是脱离生理因素而独立存在的，在长期的婚姻家庭生活中，心理因素也许是更重要的。至于门第、地位、经济情况和职业等因素，我们称之为社会因素，它是脱离于生物因素和心理因素独立存在的，但是它又绝对会影响身体和心理，因为在人的婚姻生活中，虽然性是一个重要部分，但是生活的综合质量显然更重要。

不顾一切殉情的冲动并没有文明和审美的价值。在爱情、婚姻、家庭和生育、繁殖功能分离以后，性成为表达感情和健身娱乐的一部分。在这样的前提下，殉情者就是非理性者，殉情是自我毁灭的表现。贞和老师的行为就是被色欲所迷、情欲上瘾，以致不顾一切后果地疯狂行事。也许他们确有缘分，但是他们相识太晚，中间隔着太多经历，经历通过心理作用对抗缘分。纵然人有缘分，也是虚弱的。缘分的旁边常常是陷阱，只见缘分不见困难会把我们诱进绝境。

我相信并非人不够聪明才没有发现缘分的秘密，人不能洞穿缘分是进化的结果。试想假如有一天缘分的秘密像血型一样被发现，结婚前像验血那样去验血型，契合就结婚，不然就分手，那人就会少了一个永恒的乐趣：对爱情的想象、猜测、担忧等。无论有没有缘分，爱情和性都是人所必需的，爱得安全、合理、快乐和健康是我们的目标。我们探讨缘分是为了避免跟着缘分走，而是要跟着自己的快乐走，因为缘分和快乐常常不能兼得。

"职业"情人

有的女生没有可结婚的对象，但是又不肯闲着，于是去找那些不惹人讨厌又有点实力的男性做伴……

个案阅读　失控的关系

南楠是一个24岁的女生，很漂亮也很有魅力。两年前在家赋闲时，她被朋友拉去喝下午茶，席间和朋友约来的一位看上去近50岁的李先生交换了联络方式，离开后那男人就不断地联络她。其实南楠当场就有感觉，他看自己的眼光像X光，恨不能透进去。南楠也在打量他，揣测他是什么级别的人物。朋友说别看他长得土，生意却做得很大，他的公司每年利润至少有上千万。南楠是个粗枝大叶的女孩，什么都不很放在心上，有这样的男人，就交往吧。李先生把南楠调到自己的公司做秘书主管，并希望南楠也做他的"生活秘书"，下班后就跟着他去郊区的别墅。前三个月，南楠的感觉不错，尤其是员工对她另眼相看的暧昧神情更使她因自己特殊的地位而沾沾自喜。然而，再过下去，南楠的心态就发生了变化。

虽然他们没有明说,但是这种情人关系是不言自明的。南楠像有些女孩一样,不过是"逢场作戏",根本就没有想过以后怎样,她甚至不想知道他是否已经结婚生子。李先生出手阔绰,为南楠买了一套公寓房,还给了她一辆跑车。南楠觉得受之无愧,她觉得这是她用青春换来的。

有天夜里,该是李先生回家的时候,他还没有回来。南楠难以入睡,就给他打电话,当电话那边传来很暧昧的女人声音时,她感觉很不舒服,但是她没有指责他,因为她知道自己不过是个临时情人而已。想到这里,南楠感觉自己很受伤害。

打完电话后,南楠越来越清醒,她问自己这是怎么了,爱上他了吗?不可能。但是要立刻离开他,细想一下,她也有些不舍得。她忽然产生了一个强烈的愿望:她再也不愿意和其他女人共享这个男人了。等李先生回来后,南楠很认真地告诉他,要么他断和其他女人的关系,要么就是她走人,她不能再忍受这样混乱的男女关系。李先生像不认识她似的瞧了好久,并不把她的话当真。南楠火了,说:"你以为我是开玩笑的吗?你再这样,我明天就走。"

李先生搞不明白这是怎么了。李先生和好多个女孩相处过,南楠是一个例外。

南楠说出了更不可思议的话,她爱上李先生了。

李先生说,打死他也不相信,爱情,值吗?

看着他莫名其妙的样子,南楠很绝望,问:"你凭什么不信我？我是没心没肺的人吗？"

谁也不愿意缓和气氛，他们僵持了一整夜。李先生害怕南楠的爱情，在他的眼里，爱情是不可理喻的东西，怀着爱情的女人最难缠了。南楠的自尊使她不愿再说什么，既然李先生不相信她，那就走着瞧。

整整一个星期，南楠都赌着气没去上班，整个公司的员工都在谈论这则大新闻：老板的"小蜜"失踪了。

前三天，南楠还等他的电话。后三天，她就开始恨他了，觉得他无情无义、禽兽不如。但是止不住的眼泪在提醒她，自己是有些喜欢他了，不然不会这样难受。

一个星期后，南楠突然出现在李先生的办公室，一言不发地收拾自己的东西。他漠然坐在一边无动于衷。收拾完了，南楠拎着包要走了，李先生仍然沉默以对。南楠忍不住问他有什么要说的，没想到他还是不吭声。南楠忍不住说："这个月的工资我不要了……"没想身后传来李先生的回答："你旷工了，以为公司还会给你发工资吗？"

心理分析　性和情

南楠急匆匆地来找我就是想证实她与他决裂是对还是错，因为她的头脑一片混乱。她也搞不清楚自己为什么变得这样古怪。

他们本来就是两相情愿、各取所需，她有什么不平衡的呢？她一点也不理解自己的心情，而她的"出走"更让自己感到奇怪。其实连她也不相信自己爱上李先生了，但是自己为什么忽然会在乎他呢？南楠没有办法确认自己的情绪，她失去了自己辨别是非对错的判断能力。

南楠不停地转着手腕上的手串，说自己受了很大的打击，觉得人生真的很无聊，不知道下一刻该干什么……

用马斯洛的话来说，人有不同等级的需求：温饱、安全、爱情和发展。用中国的老话说就更简单了：饱暖思淫欲。南楠在没有钱时为了有钱可以做一些违心的事情，而有了钱又有了性，心理和精神的要求就升级了，她还需要爱。可是她和李先生没有爱情的起点更没有平台，所以李先生只能当她是异想天开，南楠自己也不理直气壮。

心理学界把爱、性、婚姻分成好多个组合，南楠的行为一开始可算是"无爱无婚姻的性"。然而，人在性的驱动下，性情是在不断地变化的，尤其是性行为对人心理、情绪的刺激更是强烈。性是人最大的冲动，人的性行为已经不是纯粹的生物生理行为，同时也是心理行为，所以性的感受也不是一成不变。在性的生理和心理的互相作用下，人的心理、情绪会发生相应的变动，这就是南楠搞不清楚自己心理状态的原因。

一般来说，女性由性而引起的心理变化有这样一些表现：

（1）性实现—刺激情绪—产生情感连接，表现为情不自禁地回味、思念、渴望，并由性及人，爱屋及乌，情绪亢奋。

（2）依赖阶段—想把他拴在身边—渴望100%地占据他的心，以便达到"性专属"。对于女性，感情常常是达到性目的的手段。男人不动心，女人没有性，动心是男性"动性"的前奏。

（3）控制欲望—侦查和追逐—渴望了解他的所有活动，并为不能"性专属"而痛苦，时时怀疑他有"外性"，严重缺乏安全感。此阶段的表现为女性神经过敏、烦躁不安，情绪呈现极端状态。

（4）拉锯状态—情绪很不稳定—渴望付出更多来发展关系，但同时给对方造成心理压力：不接受不行，接受则很郁闷。此种行为会造成男性的疏远心理。

（5）受虐心理—爱得过分—追捕和逃避—自我忧伤—两性关系危机，悲剧联想，抑郁。

以上情形常常被人们理解为是"爱情状态"，但是实际上只是"需求"层面。需求是被动的、不安全的，而爱是积极的、理解的、愉悦的。无论是有爱或者是无爱的性关系，女性都更容易受伤害。而且，女性的性和爱的痛苦常常是隐蔽的、无意识的。

心理解码 爱情本能与生俱在

性是我们最私密的东西，不仅因为性器官处于我们身体的正中、最隐秘的位置，也因为性是我们心灵中尊严和自信的象征。

传统说法认为，女人的性是她的首饰盒，是她个人体面的珍藏，里面不仅有她少女的梦想，还有外婆和母亲留给她的古旧而温馨的爱情密码和导语。当女人取出了自己的首饰盒，变卖饰品时，犹如掏空了自己的灵魂，使自尊无处可容。性毕竟不是首饰盒，今天"倾匣而出"，明天可以再买。当女人为了爱以外的因素而打开首饰盒时，她最后的安全防线被推倒了，她的自尊被践踏，外婆的绿宝石不再那样瑰丽，首饰盒的魔力消失了。

当人们很冷静、很理智地讨论"性"时，或者当人们的主观动机被爱情以外的因素主导着去"性"时，或许有人会感觉自己很势利、很俗气或者很低级。但是当人们进入"性高潮"时，爱情的本能就恢复了。此时的人们能享受到性的愉悦和快乐，除非有人在这个非常时刻还在想"性"能换回多少钱。爱情本能是与生俱来的，虽然社会规则制约不合法理的爱和性，然而即使是"罪恶"的爱或是性，在爱的极端时刻，仍然会对人的心理产生极大的作用。这就是无爱无婚姻之性会导致心理情绪变化的原因。

尽管不符合伦理道德，但做别人的情人是一些人的选择。做情人可能由于许许多多的原因，但不能仅仅是为了钱。因为不管将来会怎么样，这样的动机会使自己瞧不起自己。物质条件到了一定的程度，精神要求就产生了，违背了这个发展的规律，人们就会痛苦。南楠的爱因为最开始的动机有问题所以被怀疑，没有被接受，所以她受到了很大的伤害。

所谓的"职业"情人就是指没有想过结婚，只想以做情人的方式让自己快乐的那种两性关系。据说认可这种观点的女生并不鲜见，她们认为这是一种方便省事、"寓钱于乐"的发展"捷径"。这样的生活真的很写意吗？我们不能光看她们光鲜的表面和露出的笑脸就信以为真，她们掩饰起来的痛同样是真实的。

爱情和欲望的博弈

> 芬是我近期服务的对象，在做了三次咨询以后，她要我把周末晚上的时间留给她，听她倾诉衷肠。她领着我走进了一家法国人常去的酒吧，挑了个好位置，可以将包厢及通向舞池的必经通道一览无余……

个案阅读　午夜酒吧的期待

芬在那家酒吧里，认识了他——杰西。他是法国某公司在上海的业务代理人，芬对他一见倾心，他也是温情脉脉，使芬神魂颠倒。芬跟着他去了他的住所，杰西给她看了家族全体成员的照片，并指着照片上的妻子对芬说："我非常爱我的妻子。"然而在那一刻，芬发现自己爱上了杰西，他简直是她心目中十全十美的楷模。这个来自法国的"白马王子"点燃了她压抑多年的情焰，奉献的神圣感使她分外妩媚。

他们相识一共三天，再过几天，杰西便要回法国了。临别时，他说："别指望我会做些什么承诺，我们是两个世界的人。"芬却骄傲地说："也许今宵就是诀别，不求天长地久，只求曾经拥有，我得到过了……"

他说："再过一个月，我还要回上海办理一些遗留事务，也许我们还能相遇。"

杰西走了不久，芬第一次来找我咨询。这次，芬约我的时候，算来该是他回沪的日子。她请我去的地方，正是他们初次相逢的酒吧。虽然芬曾经骄傲地与他诀别，但是她的心再也不复安宁。芬以为自己很潇洒，但是她毕竟是一个待字闺中的中国女人。

"你期望什么呢？"我问她。

她迷茫地说："我也知道这份爱情不会有结果，但希望他能记住我。他曾经动情地对我说：'你太棒了，太优秀了！'"

芬确实是优秀的。她毕业于名牌大学，就业于新闻媒体行业，能说一口流利的英语。她工作、挣钱、做事业，却从未堕入钱堆中唯利是图。她是骄傲的，是尊崇情感的。可是自从高中就相恋的男友出国留学以后，她就时常陷入沮丧中。男友去国外读书，她本计划过一段时间也出国，可是随着男友的信息越来越少，他们最终分手了。这以后，她日渐回避与人接触。这期间，她几乎是与外界隔绝的，情思使她迷惑恍惚、魂不守舍，焦虑与担忧使她日渐憔悴。芬的朋友拉她到酒吧，一来是为了散心，二来是为了和外国人练口语为日后到国外方便。酒吧里到处是美女、醇酒与雄心勃勃的外国人，有人仅为了钱，也有人想寻找感觉而苦苦等待，唯有芬是默然而略带忧伤的。芬是简单的、矜持的,她仅仅是为了感受一下灯红酒绿,品尝时尚而已。但是,世界并不因为她的简单而变得简单,杰西这样的异域男士也不会因此而放弃消遣。就是在那天晚上,那个法国男人用他的微笑和酒俘虏了芬的心。在那个瞬间,芬的心豁然开朗,觉得整个世界都为之发光,而杰西就是那个为她举着火把的普罗米修斯……

又一个迷人的夜晚,时间飞一样地过去,清晨的太阳和着清风掀起了窗帘,照亮了房间也照亮了赤裸着灵魂和身体的欲望的奴隶,芬的脸比朝阳还红,她羞愧了……

她起身走了,低着头。他静静地看着她,在她背后说:"一个月后,我们在老地方相会……"

因为这一刻,她后悔、自责、沮丧而忧伤。可是,因为这一刻,她又等了整整一个月,她痛苦于自己的堕落,可是又禁不住思念她的"普罗米修斯"。今夜他会来吗?芬的自信心越来越弱,她变得焦虑不堪。

"今夜他不会再来!甚至他要回法国的说法都是托词。"我在心里说。但是我怎能这样直白地伤害她,芬又怎么肯接受这样的无望……我正在踌躇怎样措辞,突然发现芬的眼睛放出了亮光。芬呼地站起身,边朝外奔边说:"他来了!"只一会儿,芬又进来,掩饰不住的沮丧写在她的脸上,她叹着气说:"那个人太像他了呀!"

直到子夜时分,意乱情迷的芬才埋首在桌上,说:"他上次也是这时才来的。过了这时候,他也许就不会来了。我今天本来就是来瞎碰的,他不来也好,我就从此放开手,今天晚上就当是为了忘却的纪念。"她走进舞池,扑入疯狂扭动身体的人群中……

"我恨他,但是我也很想他,我可以给他打个电话吗?"芬在电话里问我。

"假如你能忍住,千万别打这个电话。"我的态度很鲜明。杰西毫无诚意,连做情人也很勉强。芬去找他不过是自取其辱。

芬同意我的看法。那个男人无情无义,但是她的心里,像有只小猫在挠着她的心,她的心火烧火燎,十分焦灼。第二天,芬终于没忍住,给他打了电话。芬的心跳得要蹦出来,她盼他接又怕他接,汗都出来了……他接了电话,等他明白是芬后,第一句话就是:"天啊,我已经把这事全忘了!"

几天后,芬又来找我,她感到心口一阵阵地痛,觉得自己太不幸了。

她说自己并没有想要嫁给他,也没有想去缠住他,他为什么要那样害怕呢?

芬的朋友说,要把他臭骂一顿,没本事就别去惹女人。但芬不忍心这样做,她还在牵挂他,并不想伤害他。

我建议芬不必去找他理论。这位先生还算是有些良知的,他明知芬一片痴心,如果他"趁火打劫"与芬继续往来,到时候说声"拜拜",芬会更惨!而且他是比较谨慎的,一开始就告诉芬,他"很爱妻子",这便是不会对芬有爱情承诺的宣言。而芬与他在一起,并不要钱,想必是想要更有价值的东西,他无法给予,所以他便拒绝了芬。

听了我的话,芬更沮丧了。她长长地叹息一声,问我:"我能再给他打个电话吗?"

"你打电话给他是为了什么呢?是安慰他,还是向他乞怜,或是为了责怪他?如果你还想保留一些感觉,最好还是保持沉默。你们这场相遇,他是逢场作戏,你是过于压抑才意乱情迷。他并没有过任何承诺,甚至没说过一声'我爱你',他就怕你去打搅他呀。"

心理分析　爱情是欲望的武器

其实芬也不必太沮丧,在她献身的一刻,她展示的毕竟是美丽的身体与圣洁的心情。人类的欲望是不分国界的。然而,这和婚姻、爱情尚有距离。欲望是更疯狂的,而爱情是更智慧的,因而是更安全的。在和男友分手后,芬的身体和心理一直是压抑的,突如其来的"艳遇",打破了她的自我封闭,唤醒了她的欲望,却又迅速地消失,使她重新陷入沮丧中,这让她非常痛苦。

虽然芬很自责、很矛盾,但是她痛苦的基点已经提升了。她的沮丧不是因为杰西没有和她继续交往,而是因为失去,不是因为物欲,而是因为性欲。在性饥渴的状态下,她向对方投射了"爱"的需求,但是这绝对不是爱情。这次"艳遇"激活了她对爱情的向往。对于她来说，这是一种进步，也是一种释放。经由这次事件，芬摆脱了压抑的失恋往事，同时也承受了新的性关系"丧失"的压力。虽然同是丧失，但情况不同，引起的心理反应也不一样，这也可以理解为是芬治愈心理创伤的自我努力。虽然芬承受了新的心理创伤，但是她必定要这样做。她需要这样的过程来消解心中爱而不得的郁闷。自从与男友分手后，她的爱情似乎休克了，她的活力也休克了，杰西激活了她的爱情，芬的"失恋综合征"正在逐渐痊愈，杰西其实是她走出爱情休克的精神拐杖。

芬的行为体现了部分女性对两性关系的态度，是追求独立自主的。然而，这种洒脱的背后隐藏着困惑：无法满足与人之间深度沟通的需求和建立心理上亲密关系的需要。忽视了这种需求，会造成心理上的不安全感，会导致情绪压抑、注意力涣散，让人进入能量不能正常发挥的灰色状态，进而产生失落感和不满足感。这也是现代生活带来的冲突：心理上的依赖和控制，情感上的独立与寂寞。

心理解码 女人为什么而"作"？

"作"是一个内涵丰富的字眼，倘若把它和女人连在一起，更是褒贬难分，一言难尽。部分男性认为，不会"作"的女人太乏味，

"作"得过分的女人太麻烦,他们希望女人能够在不妨碍他们的利益和安全的情况下,"作"得适当、"作"得够味。其实女人自己也不清楚自己究竟"作"什么,她只有一种"作"的情绪,而没有明确的目的。"作"在词典里没有我们现在谈论的这层意思,但它在我们心目中有了约定俗成的意思:女人的"作"是横挑鼻子竖挑眼,顾左右而言他,朝令夕改,出尔反尔。倘若男性顺着女性的思路去揣摩,则南辕北辙,离题万里,她"作"得越来越厉害,男性则一头雾水,越来越迷糊。

我也是女人,也会"作",但是心里明白,"作"出来的,都不是真正的理由而是幌子,真正在乎的,却又说不出口,于是便借题发挥,"作"天"作"地,令男性不知所云。

女人"作"的形式应有尽有,"作"的心情可以分为以下四种:

(1)引人注目。当女性感觉到她的伴侣给予她的关注不够时,她会使些花招,引起伴侣对她的注意。《塞莱斯廷预言》认为,谁引起了他人的注意,谁就获得了关注者的能量。

(2)情感寂寞。当女性觉得情感压抑、心情不安时,便会寻求伴侣的呵护。她们需要自己所爱的人能够倾听她们谈话,呼应她们可能是无聊的闲话。此时女性"作"的潜在心理语言是"请你多爱我一点……"。

(3)性饥渴。性的不满足常是女性"作"的直接动机,她们没法明言,一是受到传统习俗的制约,二是这种制约在潜意识层面抑制了她,她自己在心理上并没有直接意识到。然而,她渴望性,她需要性,所以她"作"。

(4)忌妒。忌妒是使女性"作"的最简单、最频繁的理由。丈夫对婆婆的好、伴侣与女性朋友的亲密都会让女性忌妒。婆媳成为天生的冤家,是因为母亲太爱儿子、妻子太爱丈夫。

使性弄气是女性的"特属权益",却也给男性创造了施展风度与魅力的机会。女性"作"的本质是爱。只要男性透过表面看实质,闻"作"而动,便能立竿见影,使女性化怒为嗔、破涕为笑。在这些方面,俗话云:小夫妻打架不用愁,床头打了床尾和;又云:夫妻没有隔夜仇。这都说明,"作"和"爱"是消除隔阂的最简单、最快捷的方法。

女性"作"是为求爱,男性因爱而喜欢被"作","作"而爱,爱而"作"。只要不过分,这就可以是人生的一种乐趣。

"痴心"是一种病

> 所谓的"痴心"其实是一种心病,它源于一种心理,那就是极其缺乏自信心、安全感和独立性。

个案阅读 为什么受伤的总是我……

夏日的午后,温度高达39℃,小蝶需要紧急心理援助,我不假思索就答应了她。当我赶到咨询中心时,她已经等在花坛边,像一朵盛开的牡丹,特别醒目。

还没有说话,小蝶已是泪如雨下,她正面临着痛苦的抉择:是留在上海过完假期再走,还是明天一早飞回北京和父母团聚。

自从几年前在北京遇见李东,小蝶的心就再也不是自己的了。小蝶的一颦一笑、一举一动全是为了他。李东是从上海考到北京的研究生,小蝶生在北京,和李东同校,是新闻专业的学生。在小蝶的眼中,李东是个没有缺点的"新好男人",他温柔、斯文、体贴、勤奋,什么都是好的。只要看上他一眼,她就能兴奋半天。小蝶本不是个仔细的人,遇到李东以后,她就生了心眼、变了性情。同学们发现，不管李东在哪里，小蝶必在不远处。

李东是很典型的上海中产阶级家庭的独生子，有很浓的小资情调，讲究生活品质，像女孩那样洁身自好。他当然能感觉到自己身后多了"尾巴"，他再怎么矜持，也难以抵挡小蝶猛烈地进攻，他们不久就"拍拖"了，一个斯文而矜持的上海男生和一个兴奋而躁动的北京女生。

那时，他们都非常投入，但他们都不知道隐患已经埋下了。他们的恋爱在一开始就是不平等的，小蝶视李东为生命的全部，而在李东的心里，这爱情只是他人生的启蒙，感觉还不错，但是离刻骨铭心还很远。过了半年，第一次考验就来了，李东毕业后坚持要回上海，而小蝶也是一心跟他去上海，因为小蝶一刻也不想离开李东。可是小蝶的父母是有经验的，他们能感觉到李东的疏淡和随意，对他们俩的关系一直心存疑虑。他们见小蝶像扬起了风帆的船，不起航是不可能的，也只能让她跟着李东去上海。

回上海是他们关系的一个重要转折，也是这份爱情的必然结果。李东爱自己原来的生活状态，他不可能为了小蝶留在北京，而小蝶为了爱情不惜舍去一切，何况是去上海。小蝶跟着李东来到上海，爱情悲剧也掀开了序幕。

在一个上海中产阶级的家庭生活，对小蝶而言像是进入了外星人的世界。南橘北栽的结果，是她除了对李东的感情以外，其他一切都不能适应。在找工作的那段时间，小蝶非常焦虑，一天给李东打好几个电话，闹得李东非常烦躁，而他稍有疏忽，小蝶便追逐得更加紧密。李东并不很在乎小蝶的工作，他一心想靠自己的努力做出一番成就，小蝶却不在乎李东的成就，她想的是怎样让他们的爱情流光溢彩。回上海才半年时间，李东就感觉自己快要被小蝶的爱情压得窒息了，他对小蝶说："我们是不合适的，我们分手吧……"

小蝶似乎有所准备，她只是默默地抽泣，说："我有预感，早晚会有这样的结果。我不会赖着你，只想再有机会感觉一下，你的爱情是否会回来……"

李东也是伤神，却没有办法勉强自己，他们约定，小蝶搬出李东家，在附近租房独住，让距离检验双方的"爱情"。整整两年，小蝶成了"应召女郎"，李东有时去她那里，偶尔也召她回来。每隔几个月，李东就会问小蝶是否准备好分手，而每问一次，小蝶的心就像被刀割似的痛，她的希望眼见就要落空了。最近李东催得她很急，说假如再不分手他将不再来看她。

小蝶来找我时，已经一个星期没有见到李东了，小蝶不知道自己该接受分手还是继续等待那已经气若游丝的爱情。我问小蝶："为什么明知爱情回不来了，你还乞求更大的伤害？"小蝶抬起手腕给我看手镯，说："假如一点希望也没有，为什么他会给我买这么贵重的礼物？"那只晃动的手镯发出刺眼的白光，似乎在挽救爱情最后的幻想。我提醒小蝶，手镯也许是为了忘却的纪念，李东想用它缓冲遗弃的愧疚。

小蝶和每一位来访者一样，在来找我之前心里已经有答案，他们前来为的只是寻求理解和支持。小蝶其实知道这是一份难以挽回的爱情，再拖下去对彼此的伤害会更大。小蝶并没有很怨恨李东，她只是抱怨自己的命运不济而已。小蝶决定分手，余下的事情变得很简单，她只是不能决定立刻就走还是再过几天。小蝶说很想最后多吃几顿李家的饭，最后再见李东几面，把情人做到最后一刻……

我问小蝶："然后，明天怎么办？你会不会更伤、更痛？既然他已经这样绝情，为什么你还要那样缠绵？"

小蝶说要回去好好想想。傍晚时分，小蝶把她的决定告诉了我，她已经在机场了，她决定早一些走，早一点结束伤害……

心理分析　爱情和依赖的区别

小蝶和很多女人一样会很困惑：为什么真心付出总是没有回报。同样是付出，可是动机有差别；同样的动机，效果也不一样。

女人在爱情上有一个很明显的盲区，就是当她想付出时，不问对方的感受，或者说不在乎对方的意愿。自己想爱就拼命给予，然而又因为曾经给予而兴师问罪：我对你这么好，你为什么不对我好？女人在爱情方面还有一个癖好：对方越冷淡她越来劲，对方坚持不爱她，她就坚持爱对方，一旦对方撑不住而回头，她立刻就会觉得乏味。李东在最开始恋爱时就有些勉强，但是由于小蝶特别爱他,所以她就通过追加付出来达到目的。女人在需要爱和性时,有时会蒙上眼睛,撞谁是谁,或者自己编织花环给对方戴上,自我陶醉。这种不平等的爱是不可能持久的,一开始是差之毫厘,到后来是谬以千里,假如一开始就勉强,以后的结果不难想象。所以,当女人想爱时,第一要弄清楚对方是否需要爱情;第二要弄清楚对方需要爱情的程度,超出对方需要的爱情会使他厌烦。当对方感觉"爱"成为负担时,对方就会逃跑。

让我们来比较一下"我爱你,因为我需要你"和"我需要你,因为我爱你"的区别。前者是因为需要才爱,后者是因为爱才需要,这在动机上具有完全不同的意义。爱情是一种很热烈、很舒心也很自由的感受和行为;需要则是机械的、强迫的、被动的,它更多受到生理需求、不安全感和物欲的驱动,所以常常是身不由己的、情不自禁的、带着控制目的的行为。由需求主导的爱情产生的是严重的依赖感,依赖者起初是依赖物欲和"爱情",后来往往因为依赖而受挫。在此之后,依赖者更会依赖受挫折的感觉,也就是被虐的感觉。被虐会使依赖者稍微安心,依赖者希望以被虐去换回自己需要的东西。男人受不了女人依赖产生的所有行为:不厌其烦地要听对方说"我爱你";一天和对方通话八次;希望知道对方所有的行动和计划;最好对方和其他异性没有交往,对方的心被自己占满。

这不是爱情,这是依赖产生的控制心,女人可以为这种控制欲望付出一切代价，但是这不是爱，只是需要和依赖。

这样的爱情是没有发展前途的，这样的爱情往往以分手而告终。

心理解码 爱得过分的女人

我理解的爱情包括信任、尊重、喜欢、轻松、自由、独立、积极而持久。死去活来、忐忑不安、焦躁和极端情绪都不是爱情的表征。

痴心不是爱情，痴心是一种依赖。有人会自得于自己的痴心，却不知痴心是一种心理疾病，其病因是他失去了个人意识和自我意志，因而感受不到生活的乐趣。他的生存在更多意义上只是一种无奈的忍受。"爱情"只是他为了振奋精神，摆脱无望状态的"精神鸦片"，或者说类似一种"救命稻草"，他因此是不自信的。这些痴心和种种"爱得过分"的言行，就是这种不自信的表现。痴心者把自己的人生押在他人的天平上，让自己战战兢兢、受尽折磨。小蝶就因满腔痴情被李东拒绝，几乎丧失了生活的意趣。

女人会爱得过分，往往与经历、处境有关。一般来说，这是因为其成长在功能失调的家庭，家庭成员的角色错位。具体有以下一些原因：

（1）她们生活的环境中得不到基本的关爱，父母双方或一方对子女很冷漠。因为缺乏关爱，她们试图在生活中得到弥补，因此会过分给予。

（2）迷上冷漠的男人，以满足自己受挫的愿望。她们需要的是经过努力却得不到的感觉，她们在心理上习惯了得不到的状态。

（3）为吸引对方不惜代价，通常会超常付出自我。

（4）习惯缺乏、等待、追求。

（5）过分承担责任、自责。

（6）自尊心不足，对爱情没有信心，但又不甘心。

（7）缺乏安全感，产生了过度的控制欲。

（8）醉心于设想如何实现自己的梦想，很少面对现实。

（9）总是处于感情困惑中，因为过分迷恋对方反而被对方控制。

（10）容易酗酒，喜欢特别的食物。

（11）无法集中精力对自己负责，对自己持放弃的态度，过分关心别人。

（12）主动出击，建立不可靠关系，寻求刺激，以逃避沮丧。

（13）对友善、稳定、对自己有兴趣的男人不感兴趣，觉得乏味，对痛苦感兴趣，有被虐倾向。

（14）害怕被弃，委曲求全保婚姻。

想要爱情持久稳定、健康安全，应尽量做到：
（1）保持合适的距离。这是爱情必需的物理空间，"爱情零距离"最容易破坏美感、扼杀想象力。

（2）给对方相对独立的时间。这是让对方恢复自我的心理"氧吧"，没有人可以持久地关注别人，也没有人愿意持久地被人关注。

（3）提升自己的活力和魅力，以自己的聪明才干吸引对方的注意力。

（4）研究对方的习性，让对方生活得妥帖。

（5）保持自我独立，让对方有轻微的不安全感。

"痴心"是一种心理失衡

> "痴心"不是爱情,"痴心"是一种依赖。痴心者把自己押在他人的天平上,让自己战战兢兢、受尽折磨。

个案阅读　浪漫爱情的刺激

锦是一个标准的"凤凰男",他从祖国北方的大山深处走来,从一个农村娃成长为在大城市工作生活的职场精英。在这之前,他强迫自己"心如止水",目不斜视,离女性远远的,和爱情几乎沾不上边。现在他终于熬出来了,拿着不菲的薪水,他可以四处张望,去追逐自己的爱情了。

他无数次地琢磨:为什么那位美丽的音小姐像含羞草似的总是把自己的心闭起来,她失恋了吗?她的伤有多重,她的痛有多深?在锦看来,无论她有多么沉重、复杂的过去,此刻的她是那么娇弱无助、楚楚可怜,她的默然时时激起他庇护她的冲动。

美丽的音依然用缄默来保护自己,锦却大大地改变了,他变得多话、激昂,无来由地笑,眼睛放出了光芒。周五下班时,锦比往常稍微早些走出单位，在离单位500米远的拐角处焦虑地踱着步，等待音下班。来了，那个穿着黑衣服、长发飘飘，宛如天使的女人，正是他心目中的女神！还差几步，锦闪身出来，向音问候。音很吃惊，但听着锦悦耳的声音，看着他激动并不乏紧张的脸，音露出了笑意。"她居然没有拒绝！"瞬时，锦的心一下子踏实了。从此，只要音出现在锦的视线以内，锦便不会错过每一个瞬间，他的眼光时时地跟定她的身影。虽然她不会回眸相望，但是从她日渐舒展的神情，从她渐上脸庞的红晕，锦可以肯定她每一次都能感觉到自己的心意。音像一朵熬过冬天的花朵，在缕缕的春风里，踌躇着想要绽放。

锦很努力地想与音建立更亲密的关系，他去买了音乐会的门票邀请她一起去，音摇摇头；他邀请她去酒吧茶坊休闲，她拒绝了。锦没辙了，日夜苦思冥想，琢磨着用怎样的词句给音写电子邮件，一封、两封……写了不知有几封，音依然欲语又止，欲语还羞，没有明显的反应。时间长了，锦锐气大减，自信心低落，可在这天晚上，他在电子邮箱里发现了音发给自己的回信："蓦然回首，那人却在，灯火阑珊处。"

呀，给她发的电子邮件有效果了，锦欣喜若狂。

爱情之井有多深？

音的心情远远不是"一日不见如隔三秋"可以形容的，她现在恨不得把锦时时拴在身边，每时每刻和他分享爱情。音是那种性格极端的人，一旦消除了疑虑，她就会全身心地投入，彻底满足爱的心愿。锦则像一匹"爱情黑马"横空出世，令人瞩目，无论其他人怎样看，他都无所谓，他沉浸在自己的胜利中，享受两颗心在撞击的瞬间产生的令人晕眩的幸福。

然而，对于音来说，再次降临的爱使她忐忑不安，这是机会也是风险。音对这份爱情倍加珍惜，她想要做得更好，爱得更细致、更温柔，以弥补初恋的伤痛。

初时，锦感到心满意足，但时间不长，他就感到了烦躁，那是一种被强烈的爱情阳光时时照耀造成的疲惫。锦累了，常常想起单身时的安乐，他想休息一会儿。

一个周末的晚上，朋友们招呼锦外出聚餐，他答应音晚9时以前回家。可是，那时酒兴正浓，他哪里肯鸣金收兵，只管美酒一杯又一杯……手机响了，里面传来的是音缠绵的声音，问他为什么还不回家，锦含糊地应答着，中断了通话。过了5分钟后，手机又响起来了，这次音的声音更温柔，简直让人不能拒绝，可锦仍然不理会，应了一声便又"干干干干"。此后，手机铃声不断响起，朋友们笑声四起，锦趁着酒兴一次次挂断电话。"甭理她，由她闹去。"这样说着，锦顿时感觉自己潇洒了起来。可是音不甘寂寞，还是拼命打电话，直打得锦心烦意乱，他把手机关了，又端起了酒杯……

当朋友们把喝糊涂了的锦送到家门口时，他顿时清醒了，歉疚感攫住了他的心。但进了家门后，他却糊涂了：只见音穿着几乎透明的、遮掩很少的睡衣，像个狐仙似的站在屋子中央，在朦胧的灯光照耀下，她浓艳的妆容令锦失去了真实感。锦站在门口没有动弹，音却一下子扑过来，说："你总算回来了，我以为你不再爱我了……我会改变自己，不那样缠你……你会原谅我吗？"音捧着锦的脑袋，反反复复地念叨，一串串的泪珠滴在锦的头上，她身上浓烈的香水味和着她热烈的吻让锦有些心烦意乱……锦把她安抚到床上，看着惊恐不安、涕泗滂沱的音，锦忽然觉得她很可怜，那种一直紧抓着他的神秘感、敬畏感消失了，甚至原来那种强烈的欲望也迟钝了。他感觉自己的心在那个瞬间成了一个空洞，那种销魂的甜蜜正在逃离，越来越远，他的手软绵无力，拽也拽不住了。

死亡本能

当锦发现自己可以对音为所欲为，而她只会一味退让、顺从时，爱的激情消失了，美感也消失了。这种不平等的关系不是他所期望的爱情。他的爱情是骄傲的，他希望得到真诚、纯洁、平等的爱情回报，而不是如音现在这样似乎另有企图。决裂是痛苦的，但是他无法再忍受。踌躇了好久，他终于说出："也许我们彼此是不合适的，我们可以尝试去寻找新的机会……"

音很痛苦，可是她似乎有如释重负之感，意料之中的悲剧终于发生了，她也因此可以放下揪紧的心。

但是，她仍忍不住问："难道就没有希望了吗？当初，你曾是那么疯狂。"音从抽屉里翻出了打印出来的那些邮件递给了他：

……像个挑夫，我背着对你的思念/走了一程又一程/没有路标/我唯怀着你的名字/宛若怀着一枚忧郁的指南针/执着地一人走进去/也许再也不能走出来……

锦接过来，默默地浏览，他无话可说，因为他不知道自己为什么变了心。

音可以相信锦当初的爱是真诚的，但是她更相信男人的爱是不长久的。为什么会这样呢？她同样不清楚。到了这个份儿上，说什么也是多余，遭遇了这次情变，音已不是当初的含羞草，而是把什么都放下了，无欲无望地走出这个租来的爱巢，为自己重新找个归宿。

还是在自己的小屋，也是在这样的深夜，躺在这张小床上，死亡的记忆又被唤醒……她曾用薄薄的小刀，轻轻地割开了自己的手腕，想着血一滴一滴地往下流淌着，她仿佛听见了生命逐渐消失的声音。令她很奇怪的是，在最后的时间里，她思念的居然还是那个她恨的人，那个搅碎了她的心、让她无法活下去的人！在等待死亡的瞬间，往事变得特别清晰……那个曾经不顾死活把她占有的英俊的、残忍的男人，在确证赢得了她的爱心后，放下了提着的心，立马就去国外留学。她盼星星盼月亮，盼他归来，可盼来的是由他母亲转达的"安慰"：请音不要等他，他暂时不会回家，为了报答她曾经的爱，他将给她一笔钱，并为她找一份合适的工作。乍听到这消息，音全身发软，她明白这是无可更改的事实,她受到了极大的伤害,她不想活了,她想割断手腕上的动脉让自己悄悄地死去。可是她被救了,她的母亲救了她。面对妈妈,音不能继续寻死,这对自己的母亲太不公平了。

心理分析　"初性"的烙印

音活了下来,可在她的心里,充塞着生命的三大阻力:一是对那个人的仇恨,二是对爱情的绝望,三是自信心的崩溃。令她极其痛苦的是,虽然她痛恨他,可是初恋和"初性"的情景却融入血脉,在身体里上上下下翻滚。人的身体常常背离了意识的原则,她似乎是有记忆的,怀念着沐浴爱情甘露的情景,并情不自禁地沉浸在销魂的往事中。然而,对甜蜜往事的回味却是致命的毒药,正是这种"初性"的深刻造成了她不甘平庸生活的反差,并给她今后生活布下了陷阱。她勉强地活着,她的心却在伺机寻找死的可能。她放弃了爱,放弃了努力,放弃了希望,可是锦的坚持不懈,再次点燃了她生命中那一点微弱的生机。在锦的猛烈追求下,她抛弃了绝望再次冒险,她又投入了爱。然而,她没有料到,爱情悲剧再次上演。

她还是想死。可是,死并不容易,死亡的最大阻力是生的本能,即使是在死亡冲动占上风的时候,那一丝生的渴望仍然有可能拯救生命。母亲的一声咳嗽,打消了她死亡的念头,音猛然想到:"我死了,妈妈怎么办?"在这一念间,她知道这一次的自杀又失败了。她知道,自己只能活下去了,那一刻,音的头脑一片空白。

心理解码 痴心是一种什么病?

音的心理崩溃似乎是失恋所引起的,假如是那样,我们就该思考:为什么她的付出总是没有回报?为什么她把爱情看得重于生命?尽管世俗文化常常赞美这种至死不渝的坚贞,但从心理学的角度来看,音的行为有着明显的自虐倾向。假如有谁想毁坏自己,没有比总是让自己失恋更能自欺欺人和掩人耳目了。

度过了那次死亡危机,音从美丽的杭州来到上海,她要寻求一个答案:为什么她爱得越深、做得越好,男人们却总是逃得越快、躲得越远?我让她想象,假如有一个人,他在和她的交往中,双脚离地,把重心全部压在她的身上,她是否会躲开?在身体上是如此,在精神上同样如此,当她把自己所有的精神能量全倾泻在对方那里,对方就会因难以承受而避犹不及。音的问题在于"爱得过分",即所谓的"痴心"。有人会自得于自己的痴心,却不知痴心是一种心理疾病,其病因是失去了个人意识和自我意志,因而感受不到生活的乐趣。他的生存在更多意义上只是一种无奈的忍受。"爱情"只是他为了振奋精神、摆脱无望状态的"精神鸦片",或者说是一种类似救命稻草的"抓手",他是不自信的。"痴心"和种种"爱得过分"的言行,就是这种不自信的表现。在某种意义上,正是他的不自信,引起了对方的疑惑:"你对我那么迁就、顺从,是否另有企图?"我们了解了"痴心"的心理意义,这样便产生了另一个问题:是什么使他失去了个人的自我意识?在一个人的成长过程中,假如他不断地被过分干预,而他总是采取退缩、让步的方式苟且偷安,时间久了,他的情绪就会忧郁、意志就会萎缩,并引起心理退化。心理退化的极端状态就是后退到无生命的"无机"状态,也就是死亡状态。

我为音提供的帮助,就是要使音能认识自己的心态,找出之所以会这样的历史原因和当前原因,检讨原来爱情模式的非理性因素,建立起新的爱情理念,重新体验爱和被爱。

特优女生的恋爱游戏

> 特优女生在恋爱中的种种不可理喻的行为,就像孔雀漂亮羽毛下的屁股,说得正面一些,就是优秀光环下的阴影。

个案阅读 虐待和受虐的特优女生

天音走后,我的助手说:"她是我见到过的最漂亮的来访者。她不仅身材高挑、姿态轻盈,皮肤细嫩润滑如广告中的模特,还有迷死人的笑脸。我看她,起码比看其他人多了几十秒。"然而,她迷死人的笑脸后面却是痛苦不堪的心。

天音大学毕业两年后就已经担任某广告公司的市场部经理。她的父亲是医生,母亲是中学教师。当她报了身份之后,我便有联想:这也许是最保守的社会夹层,而其子女的压抑和逼仄亦可见一斑。天音想装作很洒脱,但是她没有做到,还没有开口说话,泪就盈满了眼眶,从毕业前夕就相恋的男友已经断了联系整整两个星期。一直以来,她就是他的主子,他对她唯命是从,可是这一次他竟然如此绝情,真的离她而去,一步也不回头。最可气的是,他各方面条件都不如自己。

天音初见他是在一家报社,一进广告部的门就看见了他:白衬衫黑裤子,修长的身体,略显忧郁的表情。而他并没有知觉,正等着交接文本。这一见好似电闪雷鸣,他的形象一下子刺进了天音的心灵,令她的心悸动得几乎要窒息,眼睁睁地看着他离去,天音心里立刻像缺了什么似的空虚。那时,她还在实习,而他在广告部做助理。我完全能够想象当他明白过来自己被"白雪公主"相中,可能成为"东床快婿"时的惊喜和震撼。在那时候,谁都难免怀疑自己是在梦中。那种似梦似醒、欣喜若狂、感激涕零的样子正是"公主们"的癖好,这让她们享受到了给予、施舍、拯救的乐趣。

天音坦言,在和他的交往中,她真的是个为所欲为的"公主",他像《巴黎圣母院》中的敲钟人卡西莫多膜拜吉普赛女郎艾丝米拉达一样仰视着自己,她是他的爱情上帝,主宰着他的灵魂。无论天音对他怎样颐指气使,他都是她的最恭敬的臣民。天音说,他甚至可以在大街上为她系鞋带。被爱情折磨得六神无主的他,还要分心去做天音要求的"事业"。天音的话成为他的警世钟:她可以原谅他从前不努力,但是她不会嫁给一个不成功的男人!他天天强迫自己学英语、学编程、学美术……为的是可以娶像天音这样的绝色女子。

也许是这种征服来得太容易了,恋爱中的主仆关系确定以后，总是主子更容易觉得腻味。不久，天音知道大学时的初恋男友从国外回来了，也知道他带回了新女友，瞬时产生一种争夺的冲动，产生强烈的和自己的"后任"一争高低的念头。初恋男友是被她甩掉的，当年她讨厌和门当户对的他"亲密无间"，太熟悉了。她觉得他们像兄妹一样玩耍，怎么也没有心动的感觉，她不愿意再玩这样的爱情游戏。虽然初恋男友很痛苦，但是也只能罢休，他已经被天音训练得只习惯服从了。

战斗还没有开始，八字没有一撇，天音已经和现任男友——那个"冤大头"摊牌，说："我腻味了当'公主'的爱情游戏，我的初恋男友回来了，我想我和他更合适……"霎时，他的脸红得像猪血似的，但是他没有发作，他用痛苦的沉默给了天音"解放证书"。那一刻的羞辱非常大，但是他忍了，而他的痛苦只是增强了天音去抢回曾经被自己扔掉的爱情的信心。她像一朵有毒的罂粟，因为自己的心里有毒，便以美丽的容颜为掩护，去破坏美丽的心灵以求解脱。可惜世间的男子多愚笨，他们只见容颜不见心，被毒死了都不知是怎么回事。初恋男友在确认天音要吃"回头草"后，居然激动得涕泗滂沱，像天音一样断然拒绝了现任女友，颠颠地奔向天音，享受"失而复得"的狂喜……

心理分析　"公主"和"灰男人"的爱情

天音彻底赢了，她可以任意地玩弄别人的感情，拿来扔掉、再拿来，如探囊取物，一切都在其计算之中。可是此刻的她为无人可以征服自己而困惑，她有些了解米兰·昆德拉的"生命中不能承受之轻"之迷惘，然而这无法减缓她自己的孤独。当她实在无法忍受那抢来的爱情时，她义无反顾地向那个忧郁而痛苦的男友忏悔。这一次，她对他说"抱歉"，反省自己伤害了他，而他也顾不得曾经的痛苦，用紧紧的拥抱和娓娓的呓语感激天音再次选择了自己。

忧郁的男友家境贫寒，天音的爱情是他获得成功的强大动力。他想开广告公司，但是缺乏资金，天音的收入不菲，答应借钱给他，但是要如期归还，晚一天也不行，她说"令出如山"是她的习惯，她喜欢正确和准时。负债的男友从此开始奋斗，天音仍然恣意妄为做她的"公主"。还款的日子就要到了，天音在前一天就提醒他，当听到他提出要延后一天再还钱时，她斩钉截铁地说不行。他沉默了，很尴尬，但是她不依不饶，坚持一定要在当天晚12时以前归还。还款的那天，在他们常去的那个酒吧，天音在等他，晚11时左右，他来了，从手提箱里捧出了现金还给天音。他的眼睛红红的，表情麻木。直到此时，天音才略感不妥，她发现自己这个玩笑开得太过分了，狠狠地践踏了他的自尊，但是她没有表达自己的歉意，她也因此失去了最后的机会。

从那天以后，他不再像以前那样天天问候天音，他的沉默延续下去了。第二天,天音就开始警觉,不停地打他的手机,问他怎么了。他总是很礼貌,说是工作忙,可言语中没有了卑微和胆怯,那是一种从未有过的平静。天音开始惊慌,时时刻刻地恐惧,她似乎意识到了危险,好像灾难要临头了。她的潜意识开始觉醒,忽然意识到他是自己真正爱的人,是真正可靠的情侣,而自己正在无情地毁灭这美好的一切。但是,天音已经习惯了刁蛮,危机当前她还是想再赌一把,她以为过几天就会云开日出,他还会是自己的爱情奴仆。于是,她忍住了找他的冲动,而是等他的问候。谁都不知道这次他是怎么想的,他的沉默延续了三天。三天之中,天音的恐惧与日俱增,第三天的夜晚,她仿佛感到天要塌下来。她突然觉得自己是个可怜的小女孩,假如没有他的"配合",她什么也不是!天音不想再当刁蛮公主了,她变成了一个没有自信的、惶恐不安的女孩,天天去问候他,跑到他的居所,为他铺床叠被,做怯怯的"灶下婢"……她告诉自己这是最后的机会。可是,温和依旧,笑容依旧,他的心已经被爱情折磨得麻木,他不拒绝也不逢迎,平静地任她做一切。天音流泪了,她忏悔自己所做的一切,哀求他再给自己一次机会,愿意为他做所有,甚至可以当街为他系鞋带。听着天音的哀求,他的心门彻底关上,没想到心目中的"公主"原来竟是如此低贱。这样的失望不是天音能够想象的,她的行为在告诉他:她是明知故犯,是刻意地欺凌和虐待!他为自己曾经因为这样一个女人受辱而疯狂忏悔。

天音再去的时候,人去楼空,他搬走了。站在门口,天音产生了死的念头,被一个各方面都不如自己的人甩了,活着还有什么意思。支撑她的是她的好奇心:他究竟会怎么样?他会回头吗?他还在乎自己吗?等弄清楚了这一切再说吧。但是,当她知道他搬出去是和一个比他大五岁、尚且离过婚的女人同居时,天音的头脑像被风暴掠过的原野,变得一片空白,不知该喜还是该忧,喜的是对手不堪一击,忧的是不知道他会不会像以前那样对待自己。

他一直回避着,不见面也不接电话,无论给他发多少消息皆如泥牛入海杳无音信。有一天,天音晚饭后住进宾馆,一刻不停地给他打电话,他总算是接了电话。天音说:"我只问一句,你喜欢她还是喜欢我?"当她听到回答是"她"时,天音觉得自己不想活了。天音换上了最漂亮的衣服,呆呆地坐了两小时,然后给他发消息:"你再不来,就再也看不到我了,我当以生命谢罪……"

他还是没有反应,天音握在手里的小刀始终没有动弹,她知道自己永远地失去了他,她在心里骂自己"活该"。那个晚上,她流了一夜的泪……

心理解码　丧失的优势

失恋的黑洞像一只坏了的水果,不碰也在流苦水。只要一想到他,天音的心就有被撕裂的感觉,维持着她的是他往日无微不至的温柔。然而,这是一把双刃剑,让她留恋也给她伤害,这种回味使她痛苦得几乎疯掉……

　　天音真的像她现在对自己的评估那样，是一个理该受到惩罚的坏女孩吗？她变成那样，其实也是不得已的，我认为其中原因之一就是"成功教育"的恶果。那种假定自己的孩子都是天才，"有志者事竟成"的偏见和幻觉，使家长和老师无限制地给他们压力，而这种无限度施压的结果是智力发展了，情感和性格变质了，人格倾斜了。好成绩使他们不断强化良好的自我感觉，而在其他方面又有很多不足。部分优等生的人格缺陷是很明显的：什么都要争第一，什么好东西都想要，得不到的东西就想毁坏、虐待，有破坏的冲动，自虐和自毁倾向由此滋生。这种"唯求成功"的欲望破坏了他们正常的生活秩序和爱的能力，使其成为"自恋者"，唯我独尊，而不知"他人意识"为何物。天音的虐待和受虐倾向是很明显的，因为在获得成功的路上，她受了太多的苦。

　　人的行为问题反映出心理状态，而心理状态不是独立存在的，是和一个人的认知与道德水准相关联的。分析人的状态不可能把心理作为一个封闭的单元，而只是一个检索的方面。天音的爱情行为折射出她的虐待和受虐的心理倾向，也反映出她的自私和无知。所以，特优女生不是高高在上的"金凤凰"，她们在很多常识问题上很无知。追根溯源，片面强调智力的教育给了学生谋生的手段，却没有给他立身处世的基石。爱情是一个人综合素质的集中体现，可以得到爱情的幸福者不是偶然的，而是他爱人的结果，而与爱情无缘者有很大一部分原因是他吝于爱人。一个最优秀的人可以靠智力生活却不可能靠智力快乐,人和动物的区别是爱和被爱。

无论新思潮怎样涌动,传统道德对女性还是有保护作用的,我建议天音在今后的生活里多安排一个内容:学会适时做一个弱者,体会小女人的心情,找个"镇"得住自己的老公。

婚内篇

人们常以为，婚姻是恋爱的终点、幸福的起点。但也许婚姻是痛苦的起点、快乐的终点。对于现在的年轻人来说，婚姻和恋爱的界限几乎是模糊的。因为当婚姻的意义主体已非生儿育女、传宗接代，而是为了幸福、传统和生活方便时，对待婚姻、恋爱的立场和意识，便有天壤之别。

　　如果认为所有的痛苦和所有的幸福皆源于婚姻，那婚姻的责任就实在太大了。其实，婚姻和爱只是人生中的一个基本上可算是必要的程序，因为婚姻的本质是创造生命的程序，而创造生命的原始意义是生命的自我复制，也就是让自己的生命得以延续。

　　性是人的本能，而婚姻是性的"通行证"。因为婚姻和性是关乎创造另一个生命的重大事件，所以人类对于婚姻和爱的严肃态度基本上是一致的。然而，随着现代社会物质的丰富和精神的开化，婚姻最原始的传宗接代的理念被颠覆了，现代人的性生活打破了婚姻的樊笼，游走在爱情、婚姻、利益等多种因素之间，所以现代人的婚姻状态便出现了前所未有的景象。

自我意识和他人意识

只有兼顾他人意识,坚持自我意识才是可能的,尤其是在被理解成应该是"亲密无间"的婚姻恋爱中。

个案阅读 因为太爱了,所以我们离婚了

一看就知道尼娜是个现代社会典型的职场丽人,棕色碎花长裙配上白色紧身小袄,使她显得高挑,为她增添了典雅的风采。她是某外国驻上海公关公司的首席代理,年薪不菲。她却显得很不快乐,此次前来便是专为离婚事宜而寻求心理支持的。

尼娜27岁。她的丈夫大她两岁,是某咨询公司的经理,他们结婚还不到一年,吵骂甚至打架已成家常便饭。吵架是一种特别的过程,吵架时人们情不自禁露出自己的真实状态,借着吵架的方式,人们可以说出自己早就想说而又不敢说的想法。观察吵架的过程,常常可发现许多意想不到的心理、性情。

"你能告诉我具体的吵架过程吗?"我想要知道的是吵架的诱因、情景和内容,因为这是了解他们相处状态的有效依据。

尼娜说："虽然我们经常吵架，但是'暴风雨'过后，连我们自己都弄不明白究竟为什么而吵。比如，下班回到家后，我匆匆地换上居家服下厨做饭，不一会儿，汗水几乎眯住了我的眼睛，油锅热了，我手忙脚乱，不由得火气上升对他叫唤：'你就不能打开空调吗？'他听后不但不觉得自己不够体贴，反而十分委屈地说：'我又不是不愿意帮你打开空调，我是不知道你很热呀……'"

见他辩解，尼娜的火气又大了一分，声音又提高了："你没见我在忙吗？亏你说得出口，真是饱汉不知饿汉饥呀！"

"你啰唆什么呀！我也没闲着，不就煮个饭吗……"

尼娜从厨房冲出来，站到丈夫跟前，大声地说："你不稀罕，我也不想煮了，看你吃什么！"尼娜随之褪下围裙和袖套，往地上一扔，骂骂咧咧，不肯罢休。丈夫的火气也起来了。他们你来我往地吼叫，谁也不肯让步。最后，丈夫控制不住自己的怒气，给了尼娜一拳头。惊呆了的尼娜一下子蹲在地上不能动弹，她简直不知道自己是心痛还是身痛，把头埋在臂弯里，悲伤得没有声息。此时丈夫似乎清醒过来，他转身走进了厨房，拿出一把菜刀，高高地扬起，声泪俱下，悲壮地说："你对我这么好，可是我不知好歹地伤害你……我把自己杀了向你赔罪吧！"

尼娜更惊恐了，她跳起来使劲地夺下他手里的刀，为他的"谢罪"而感动得死去活来，小两口拉扯在一起，哭哭笑笑，又爱又恨，莫名其妙地悲伤着或者欢喜着。

尼娜的丈夫是个近30岁的男人，可是他太孩子气。有次吵架过后,他进了自己的书房好久没出来,尼娜推门进去,只见他躺在地板上抽泣,尼娜觉得啼笑皆非。可是没过一会儿,他的母亲——尼娜的婆婆闯进来,气急败坏地对着尼娜吼:"你在欺负我的宝贝儿子呀……你在离婚家庭长大,别把那种风气带过来。我的孩子我了解,绝对不会欺负你,凡是有冲突就是你不好……"尼娜一股急气塞胸,差点要晕过去,但是她挺住了,她是个要强的女人。

尼娜的婆婆走后,尼娜的丈夫感觉很羞愧,他后悔夫妻吵架还把长辈牵扯进来。那一场冲突使他们"冷战"了好久。

心理分析 怎样给予?怎样获得?

我希望尼娜告诉我他们平时争吵最常见的是什么原因,说得最多的语言又是什么。

尼娜说:"比如一只旅行箱放在地上已有多日,某天我想起了就对他说:'你就不能把它放到衣橱顶上吗?难道这种事也要我干?你是个男人……'他立刻说:'瞧瞧,你又责怪我了,什么事情都是我不好吗?'诸如此类的事情与语言是我们争吵的套话,其实并没有什么重大的、关键的事情。"

虽然没有本质上的冲突,也没有经济上的纠葛,但是一点小事就可能导致一场"战争"。冷静下来时,他们都认为自己是爱对方的，但常常不能阻止互相折磨的冲动。经常是在"暴风雨"过后他们的意识才能清醒，然后是互相安慰和道歉。他们无数次地陷入这样的怪圈：他们决定下一次再也不这样互相折磨，但是下一次争吵得更厉害。冷静时他们讨论：既然相爱，为什么"战争"不断，并把离婚挂在嘴边呢？真要离婚，他们又彼此放不下；不离婚，他们又受不了冲突带来的剧痛，于是他们商议：为了减少对彼此的伤害，他们决定分居。

虽然决定分居，尼娜还是放心不下，她说："他太不会生活了，我走了，他怎么办？"

他们有很丰厚的薪水，有舒适、宽敞的住所，还有健康的体魄，但他们在无兄弟姐妹的独生子女状态下成长，对爱情的理解狭窄化，并因此丢失了人类有史以来最朴实也最基本的爱的能力。他们的困境在于，双方都想付出自己的爱却不知怎样去给予，想得到对方的爱却又不知如何去获得。于是，爱和恨积蓄在心里，成了满罐的炸药，一点小小的刺激就容易引发冲突。爱情在他们那里已经失去了原来"给予"的含义，同样个性鲜明的两个自我的碰撞使得他们相处困难。爱情真正的意义在于接纳，他们却过分强调自我的感觉，在心理上过于紧张和防备，在语言和行为上过于夸张。爱的很重要的素质是"给予"，给出的是爱，收获的也是爱。给出对方需要的，感恩他人对自己的付出，这是和谐婚姻和爱情的重要因素。

心理解码 爱无止境

词典里对爱情有学术而规范的解释，但是生活中的人们对爱情有各自的理解。在讲课时，我多次让学生用自己的语言表达对爱情的理解，几乎没有人说的是相同的，可见每个人都有自己的爱情信念。爱情是人类特有的精神现象，爱情和性有关系，但是又可以脱离性和其他物质因素同时存在。爱情境界体现在：相爱着的双方一旦有利益冲突，能够舍弃自己而为对方考虑。虽然这并不普遍，但时有发生。在电视剧《大长今》中，闵政浩、皇帝和徐长今的爱情，已经可以说是"圣爱"——为了照顾自己所爱的人的感受，可以牺牲自己的感觉——的典范。闵政浩觉得做皇帝的御医对徐长今是更适宜的，是她想做的事，所以他宁愿放弃自己对她的爱情，不惜被流放，不惜牺牲生命也要成全徐长今的理想，并称这是他爱徐长今的方式。而皇帝也爱慕徐长今，但是他放弃了让徐长今做后宫嫔妃的做法，而是让徐长今做他的医生。皇帝知道闵政浩和徐长今互相爱慕，他知道自己不久于人世，所以利用权力把徐长今留下陪他，又同意了大臣流放闵政浩的建议。但是皇帝在临终前把徐长今送到被流放的闵政浩身边，而皇帝始终是尊重徐长今和闵政浩的，没有利用权势对徐长今有半点非礼……

虽然这是电视剧，但也符合现实中人们对爱情的体验和理想。我们之所以受感动，因为我们向往这样的爱情，而要达到这样的爱情境界，却需要努力。

爱情是需要表达的，一言一行、举手投足都是注解。

我和他们夫妇双方先后接触了几次，发现他们的情绪非常压抑，甚至在对我讲述自己心情的时候都是激烈的、气愤的，而这种偏颇、激越的情绪就是心情压抑的结果。造成这种压抑的原因是负面情绪的累积。当他们劳累了一天回到了家中，本该互相安慰以让彼此轻松，可是他们失去了这种兴趣，甚至难以做到以礼相待，而是以习惯性的斥责与质疑的口吻说话。正是这种挑战性的语气扼杀了彼此正常沟通的可能，代之以偏激的争吵。久而久之，建立亲密关系的愿望受到挫折，爱的冲动被堵塞，而负面情绪日积月累，到一定程度后，风吹草动都可能引爆"战争"。这既是使他们感到痛苦的原因，又是他们在那种相处方式下必然的结果。

在与他们的接触中，我也感觉到了他们的焦虑。我可以想象尼娜作为首席代理与其丈夫作为经理在工作中的繁忙与紧张。这种状态在现代社会快节奏的工作与生活中也许是常见现象，他们的争吵在很大意义上是通过大声地叫喊来宣泄，从而减少自己的焦虑。他们所谓的"爱"，在某种程度上是依赖，"有你我才能吵"，互相宣泄是他们关系中的一个特点、一种习惯。然而，过度地宣泄就成为攻击。

他们各自循着自己的逻辑在爱对方，但其实更爱自己。他们的婚姻失败了,不是败于"太爱",而是败于"不会爱"。爱情是一门艺术,集中反映出一个人的综合品质,懂得爱的人爱人也自爱,不会爱的人伤人又伤己。爱情是一门终身的学问。

透视"亲密接触"

人们在走向独立和自由时,也在走向寂寞和孤独。当我们习惯了"自主"的精神和"自主"的生活时,反过来便不堪忍受以"干预、控制和侵犯"为代价的男女亲密关系。

个案阅读 夫妻变成情人

五年前,从中国西南部一座城市走出的林先生去美国留学,在那里完成学业、娶妻生子,现在"衣锦还乡",落户在上海浦东,进入信息技术行业。妻子红虹比他晚一个月到上海,正当他欣喜地沉浸在举家团聚的喜悦之中时,红虹却提出了离婚的要求。林先生认为这可能主要因为红虹的娘家人干预了他们的婚姻,因为红虹的母亲曾经和他们共同生活过,对他的印象不好,而红虹似乎也默认了这样的说法。林先生很努力地想要挽回关系,红虹却很坚定。红虹认为离婚是她必须坚持的,至于离婚后怎么样还要看以后情况的发展,林先生因此懊丧万分。

当年在美国时,红虹怀孕后,林先生被调到另一个城市去工作，而红虹则因为工作不好找而只能留在当地。当时林先生面临的选择是要么放弃原来的工作，留在红虹身边，重新找工作；要么把怀孕的红虹只身扔在那个城市，自己远走高飞。焦虑不堪的林先生选择了离开，他背负着更深层次的生存压力，忍痛离开了红虹。他知道红虹的艰难，在异国他乡怀着孩子孤独地学习和工作，但是他坚持了自己的选择。直到分娩前夕，红虹才转移到林先生所在的城市，准备"坐月子"。红虹把母亲接到美国，照顾他们母子的饮食起居，而林先生仍然在为自己的事业拼搏，几乎完全没有尽到一个丈夫应该负的最起码的责任。林先生反思，自己在那个阶段的表现是极其不称职的，由于生活负担加重，他变得更焦虑了，态度生硬、脾气暴躁，不但帮不上忙，还嫌别人烦。红虹则总是承受，没有语言冲撞，也不摆脸色，只是偶尔悄悄地落泪。

红虹是一个非常典雅的女人，她的着装看上去很随意，却处处透露着精致，从式样到色彩都让人赏心悦目。红虹回国后在外企工作，工作强度很大，她是一个成功而可爱的女人。她说话的声音柔和、温煦，这出乎我的意料。细细地听红虹道来，竟是别样心情，她的苦衷更是感人。红虹在美国才认识林先生，感觉他是个很有"男人味"的男人。他们迅速地爱，迅速地"性"，又迅速地结婚，而且他们竟是对方的"唯一"！如此高龄的"金童玉女"实属罕见，他们彼此大为唏嘘，然而婚姻也因此产生诸多不便。即使是在还没有分开的日子里,红虹对林先生也是既依恋又害怕。在她的眼中,林先生是个"暴君",他可以无缘无故地发火,也可以没有来由地"爱"和"性"。他是个完全自我的人,根本不顾他人的感受。红虹举例说,在她坐月子的某天,她的乳房很涨,可是乳汁出不来,母亲拿着热毛巾不停地搓揉,希望能够把乳汁催下来喂婴儿。天气闷热,红虹和母亲都很焦虑,大汗淋漓,像从水里出来的一样,林先生却在他的电脑前对此视而不见。红虹忍不住说:"去把空调打开吧……"林先生突然吼道:"你当我是闲着吗?这么点小事也来烦我!"红虹不作声了,扭过头不让母亲看见她的眼泪,然而母亲感到了女儿的委屈,明白女儿平时很受气。女儿不说,母亲也不说,但是短短一个月母亲发现了很多:红虹的心情总是很压抑的,林先生却是完全自我、为所欲为的。这也就罢了,最过分的是林先生时常有暴力行为,他心情不好、一言不合时,就动手打红虹。然而,林先生动手过后就真诚地忏悔,对她越发地好,但他一次又一次暴行不改。

在美国时,红虹表现了极大的容忍和耐心,她从不对家人说,可是母亲在的时候,林先生居然忍不住又动手了,这不仅伤害了红虹,还伤害了她的家人。但是,林先生根本不知道她的想法。

在林先生看来,红虹是听从了父母的意见才要离婚的,他认为他们是非常合适的夫妻,红虹不过是迫于压力而已,但是红虹认为并非那样。父母确实有过建议,但离婚主要还是她自己的主张,她理解自己的感情:虽然林先生很自私、很暴力,但是自己还是被他吸引。不愿意离开他，愿意忍受他是因为红虹爱他，离婚是为了更合理、更公平、更自主地爱他。红虹在提出离婚的同时也表示，假如他愿意，他们可以在离婚后同居，一起生活一起抚养孩子……

林先生惊呼："这是何苦，既然在一起，又何必离婚？这完全是多此一举！"

红虹却认为这里面有很大的讲究：离婚是一张罚单，通过把他罚下场，给他一个机会，看他能否痛改前非不再暴力。假如他确实是爱妻、爱子、爱家的，他会珍惜同居的机会并努力改正。假如他不想同居或者同居后依然我行我素，解除同居关系比离婚容易得多。离婚后再同居在形式上看是一样的，但是在心理的感受上有很大的区别，离婚使她有了更多的安全感，她可以随时退出。在当前，红虹是以同居和可能复婚作为离婚的承诺。红虹认为假如现在不趁势离婚的话，今后再提出会很困难，因为她确实感受到这桩婚姻对她造成的伤害。

心理分析　人格冲撞和心理协调

"第一次亲密接触"曾是男女的"口香糖"而久嚼不厌，渴求男女亲密无间，渴望"性"的自主，追求个人领域的自由成为他们的迫切要求。然而，短短几年后，人们已经反思"如何界定情感距离"。虽然这只是一部分人的最新感受,却体现了他们的精神内涵,他们在追求更加符合生存、发展和自我实现的情感表达和存在方式。这是一种心理成熟和人格成长的体现。当然,其中不乏困惑、迷惘和痛苦的感受,以及极端心理和偏激行为,但总体上说,这可以算是一种"爱情革命"和"人性革命"。

第三次咨询时,两人同在场,双方比较客观地表达了自己的真实想法。我认为问题的焦点在于林先生的暴力行为,而这并非如红虹所想的那样——靠离婚或者同居的约束可以矫正,家庭暴力需要心理治疗。

林先生的智商很高,"雄性系数"也很高,但他是一个性格偏激、具有侵犯性的轻微人格障碍者,这和他的成长路径有关。他的父母关系失和,长期情绪低落、沮丧,他们自顾不暇,完全没有心思去关爱自己的孩子。林先生是在被忽视、被冷落,长期受压抑的环境中成长的,所以他没有爱他人的体验和能力。他又是初恋成婚,对妻子、对家庭只按照本能和习惯行事,所以他是粗野的、自私的,与现代婚姻对丈夫的要求差得很远。红虹的父亲是当地名校的校长,对家人有强烈的责任心,对儿女过分保护和宠爱,使女儿既很懦弱又很依赖。遇见"粗野"的林先生,红虹很快就被吸引,以至于放弃自我保护。他们的性格组合是"东风压倒西风",以一方的容忍和另一方的霸道为结合点。假如没有暴力,也许他们是一种"愿打愿挨"的平稳状态,但是他们都太偏向极端了,所以"压迫和被压迫"就发生了。假如林先生能够以此为鉴，真正重视红虹的感受，并能够积极改变自己，他们的关系是有望恢复的。因为他们都认为自己是爱对方的，只是不知道怎样爱而已。

心理解码　爱情的身体距离和心理距离

有一个媒体的记者告诉我，她并没有对丈夫变心，但是生了孩子以后出现一种很奇怪的心理：丈夫在身边的时候，她常常觉得有点烦；丈夫出差远隔千百里时，她觉得很自在。每天都有电话问候，通电话时，她的快乐是真诚的，对他的思念也是由衷的。她怀疑自己的情感是否出了问题，不知道为什么自己会有这样的心态。不仅是她，还有很多人有类似的情况，甚至有人认为这种婚姻状况是"一个人太少，两个人太多"。在这样的心理状况下，"周末夫妻"出现了，"夫妻变邻居"的现象也出现了，"先锋派"的伉俪为了给爱情"保鲜"，毗邻而居，有分有合，随心所欲，招之即来，挥之即去……

总体说来，"从心理距离到身体距离"的界定是一种"私领域"的革命，人们渴望在两人世界中有更多的宽松和自由、更少的羁绊和限制。与以前的追求意志和心理自由的区别是，这些人希望保持一定的"身体距离"，而这种心理现象是当下经济结构和社会生活形态大幅变化的结果。对个体而言，只有拥有更多的自由和自主，个人的创造性和潜能才能更好地发挥。

女性在爱情中对男性的依赖几乎是一种本能，这是人类生活形态进化使然，而女性的独立精神是对两性关系的历史性突破。近现代以来，女性一直向往物质和精神独立，前提是女性从没有真正独立过。红虹曾经因爱而依赖、屈从，现在却能为保护自己提出离婚，要求重新界定距离，胁迫林先生改变。红虹不愿意轻易放弃她需要的东西。因为她的坚持，他们离婚了，丈夫变成了情人，她却由一个"弱女子"变成了主动者、独立者，成了家里的"东风"，而非被压倒的"西风"。红虹的工作之繁忙不是一般人能想象的，子夜时分，她还在开国际电话会议。很多像红虹一样的女性没有时间去充分感受"感觉"，而她们超强度发挥自己的能力，以获取高额回报，却失去原始的"女人味"。这就是女人害怕"亲密接触"的社会原因。钱壮了女人的胆，却使她们不再那么有"女人味"，这是一个不可逆转的社会趋势。女人有两种选择：继续成长，改变心态；继续装"小脚"，蜷缩在男人臂膀下，做"媚脸猫"，换取所要的东西。

男人害怕亲密接触，他们只在得到前有"得不到"的焦虑；女人却相反，她们有"怕失去"的焦虑，她们不很在意得不到，而害怕得而复失，一旦得到就指望天长地久。女人们对爱情"贪得无厌"，期望时时刻刻不分离。然而经济是训导师，经济地位改变了女人的爱情心理，使女人像男人一样去"爱"和"性"，保持独立的界定距离。这是好还是坏，需要由当事人自己去感受。

婚姻维护

> 面对丈夫"婚外恋"的蛛丝马迹,她既不能证实,又不能证伪,也无法忍受,只能破釜沉舟以离婚来逃避……

个案阅读　丈夫行为可疑

40岁左右的玲是单位办公室里的"老秘",肤色偏黑,动作机敏,但显然她是不善言辞的。"我……我想与他离婚!"第一句话还没说完,她的眼泪已经掉下来了。

为什么要离婚?当她冲动地说出了自己的想法之后,心情过了一会才平静。对自己的冲动,玲似乎还有些歉疚。想到了伤心处,玲的眼圈不由得又红红的。

玲的丈夫是某公司副总经理兼办公室主任。长期以来,虽说夫妇关系是淡淡的,却也没有裂痕,但是近三个月来,他却像失了魂似的坐卧不安,甚至做出荒唐事情来……

每天晚上该休息时,他却要一个人留在客厅,等着一个女同事的电话。玲曾经费心费力地想听他们说些什么,可丈夫用手捂着嘴，话说得越来越轻。玲生气了，不再等他，独自一人上床先睡，可她又怎么能入睡，听着娓娓细语、窃窃笑声，她心中泛起层层恨意。好不容易他回来了，看着他脸上满足、欣慰的笑容，玲失眠了，丈夫却浑然不觉，转身呼呼睡去。

玲是个沉闷的、性格倔强的女性，不善言语，更不会吵闹，生着闷气，由着他去"打电话"，眼看他越来越不成体统了，心中便生出了怨恨，她想离婚。

太离谱了！玲问丈夫那个女人是谁，他立即调出了单位同事合拍的照片，喜滋滋地说："瞧，就是她，单位的人力资源部助理，不到30岁，很讨人喜欢的……"

玲说："你小心了，别让同事们说闲话。"

丈夫不以为意地说："不做亏心事，不怕鬼叫门。要说的人，没事也会找事说。"

玲认为凡事无风不起浪，并对丈夫说了自己听来的传闻：只因那位助理要减肥，买了减肥器械上班时在办公室里做运动，有人认为不合适，向作为公司领导的丈夫反映。丈夫认为只要不过分，还是可以继续的，这就算认可了这种行为。但没想到这下可惹了大麻烦，女员工们纷纷仿效，不知是真减肥还是做样子，公司里的女人都穿起了运动服、运动鞋，搞起了办公室的减肥运动。一时间传言四起……玲听了又着急又痛苦，这显然说明他们的关系已引起了大家的注意，说不准什么时候就"出事"了！听了玲的话，丈夫依然满不在乎，他坚持自己是清白的，直到发生了另一件更荒谬的事。那位助理在出差途中忽然想起有一个会议要改期，于是她打电话给她最熟悉、最亲近的领导——玲的丈夫，让其帮忙逐一通知参会人员会议改期。玲的丈夫忘记了自己的身份，挨个通知。他更没有意识到，这个会议与他毫无关系，会议改期的事也与他毫无关系。

玲看着丈夫"中了邪"的模样，气急地吵骂道："你这是昏了头，你不要脸面我还要呢，这可闹笑话了……"

玲是个倔脾气，受不了这样的事情，提出了离婚。女儿同情母亲，认为父亲"没良心"，自从女儿睁开眼，就见到母亲天天在照顾爸爸和她，没享受过一天清闲日子。在女儿的支持下，玲正式提出离婚。那天丈夫在出差，乍一听玲提出离婚，以为玲在要挟，等弄明白了玲是真想离婚，他恐慌极了，再三地劝玲别冲动。他苦苦地向玲请求："别把我推出去，请拉我一把。我需要家，需要亲人，需要帮助……"

心理分析　手机的秘密

丈夫的哀求使玲犹豫了，但是她仍然难以回心转意，她有种被遗弃的感觉。

做这样的心理咨询，他们夫妻的性关系如何是值得关注的一个重点，也是了解"情变"心理原因的一个关键点，要弄清楚丈夫对助理的渴望是性的需要还是情感补充，抑或是性格的合拍。

"这个，真不好意思说出口，我一直是'性冷淡'，为了不过分勉强我，也是为了体贴我，他经常自慰，以前他也曾开玩笑似的警告我：'你拒绝我，以后可别后悔呀！'"

我还想了解，提出离婚后，丈夫现在的状态如何。

"他不再那么躁动，电话也少得多了，但是变得怪怪的，经常一个人呆呆地注视着掌中的手机，一不留神，就错拨到助理的手机号码。我相信他不是故意的，我曾听到过他自言自语地说：'咦，怎么又是她？！'"

玲知道这手机是那位助理帮忙买的，也知道她手中有一个一模一样的手机，但是她不知道丈夫握着手机拨错电话的原因，也为自己目前的处境而惘然。她不知道提出了离婚后，下一步又该怎么走，更让她耿耿于怀的则是丈夫为什么会"情变"！

玲的丈夫自述自己工作紧张，妻子长期"性冷淡"，彼此文化差异大，共同语言少，孩子进入青春期，变得逆反，对自己抗拒。至此，在走向成功之路上累积起来的负面情绪急切需要一个突破口以宣泄……他作为一个公司的领导者，长期以来是律己的、严谨的，然而他有可能是抑郁的、疲惫的、焦虑的。为什么女人见了忧伤、焦虑的男人容易动心，这除了给女人奉献与征服的机会外，也因为这样的男人容易被征服，忧伤的表情常泄露了他们情感贫乏、空虚的状态。

玲的丈夫与人力资源助理也许在生理、心理、情感上都有趋近的潜在需求，由于工作的便利，他们有了频繁接触的机会，下意识地亲近起来。但是，这种亲近是"超意识"的，并不为他们的意识所认同，并非他们主观的选择，也并非他们思考的结果。"手机现象"就是在这种潜意识的支配之下，本能地流露出来的情感倾向。这也是我们要破译的心理密码：这是一种"心理投射"作用，具有"移情"的意义，这种借物喻情的投射过程是心理压抑与冲突的结果。在理性与情感的冲突中，玲的丈夫倾向了理性，但情感企图冲破意识的控制自由地躁动。在无法协调的情况下，他只能扭曲地、折中地握着与对方相同的手机，平息自己的躁动。当然，这种"扭曲"的好处是使他免于陷入更大的难堪。与理性相比，情感是更直接、更本能的，但人类的情感已进化到与认知、社会和生物等诸多因素交织在一起的文明程度，情感已被看作是自我、认知行为、社会行为和生物行为的综合的、必要的表达。因此，呈现在情感层面的已不仅是情感问题，解决情感问题也涉及一个人的整个人格系统。

心理解码　心理"出轨"的意义

随着人的成年，由孤独而带来的痛苦越发明显，忧伤之情由此而生。这时，人们大多会认识到：由爱情而产生的婚姻可能不会持久；孩子们迟早要离开家庭；自己的事业终将结束；自己珍爱的自我形象也必将改变。生活中失去的东西实在太多，为了弥补这种"失落"，人们常常情不自禁地有了寻找情感与爱的渴求……

我把我的感觉与玲分享。在我的心里，这是一个有趣和令人温暖的案例，他们夫妇也是一对可爱的人。无论丈夫出于什么样的心理，但有一点是可以确定的，即他们还没有身体上的接触。玲的丈夫和助理都还没有明确彼此之间心理上的爱慕，更没有到要去实现爱慕的程度，所以他们的行为虽有些不可理解，却并没有像世俗理解的那样有"出轨"行为。假如他们已经撩开道德的面纱，明确彼此的爱情，并且已经付诸行动，那么他们就不会有溢于言表的神情，而是会竭力去掩饰这种关系。身心已经得到一定的满足，已经付诸行动的地下情人之间是会掩饰这种关系的，而迹象明显、心神不定往往是在男女关系发展的初期阶段。玲觉察得早，挽回婚姻的可能性更大。

玲仍然很焦虑，但我告诉她，她的丈夫是一个"大好人"，是一个负责的丈夫。他正面临人生困境，玲应该拉他一把，而不是把他"逼上梁山"。我建议玲回去后认真地、心平气和地找丈夫谈话。

其一让他明白自己的心情：他是喜欢那位助理的，但要"见好就收"。可爱的女人很多，但是她不属于他，和他没关系。

其二让他明白自己的处境，谨防桃色新闻的杀伤力。

其三让他认真思考：即便他有可能离婚再娶，对方有可能扔下幼儿嫁给他吗？他忍受得了离开妻女的寂寞吗？他能承受因婚变引起的所有心理压力吗？假如最终不能"修成正果"，只成为地下情人，他能"胜任"吗？

把这一切都考虑过了，也许他就知道自己该怎样做了。

后来，玲收回了离婚请求。她也认为，丈夫只不过刚伸出去半只脚，把他拽回来比推出去更容易，何况她是爱他的。

再后来，玲告诉我说，她甚觉奇怪，自从夫妻闹了矛盾，她的性欲比以前强了很多。也许，那是因为遇到紧急情况，她沉睡多年的身体苏醒了，醒得真及时。

"新上海人"的爱情

"新上海人"和上海女人的结合,是海派文化中的一种现象。有人说,征服了上海女人,等于征服了半个世界……

个案阅读　建立上海根据地

经过近十年的奋斗,白先生在自己的家乡桂林已经拥有颇具规模的律师事务所,加之经营多年的社会关系,常使官司转败为胜,因此生意兴隆。最近,有一个想法常在他的心头萦绕,他想到上海这样的大城市去闯荡一番,也测试一下自己有没有真本事。白先生还没有把打算说明白,家里人就闹翻了天,父母和姐姐联合起来反对他的计划,姐姐更是正色警告他:"你可以一甩手就走,但是你得把你的女儿带走,我们谁也负不起这个责任!"白先生38岁,三年前离婚了,女儿留在他这里,由父母和姐姐帮助养育,如今女儿6岁,他怎么可能带女儿一起去创业呢?但是白先生还是去了上海,他说服了家人,因为他去上海不仅是创业，还有自己的私事。他承诺不出一年就回家领女儿，他到上海是想为女儿找个妈。

白先生说得没错，此番去上海，除了创业，他还要完成另一个心愿：寻找八年前他曾经为之心动的那个女人，因为他听说她也离婚了。在旅途中，一合上眼，白先生的头脑中竟全是她的印象：像天鹅似的总是昂着头，骄傲却又是那么优雅，尖锐却又不乏灵气，永远素面朝天，服饰却像张爱玲似的不同凡响。她出身于官宦之家，却没有寻常官家子女的俗气，她是一朵美丽的带刺的玫瑰。八年前，白先生和朋友路过上海，跟着朋友一起赴约，结识了她，她的倩影从此若隐若现再没有离开过白先生的脑海。"她现在怎样了呢？"白先生心中忐忑不安。

千辛万苦，白先生总算是见到了心中的双。让白先生没想到的是，双的性情、模样都似换了一个人，这让白先生觉得自己很突兀。可是双谈笑风生，没有丝毫不适，她大大咧咧地介绍自己："我是个离了婚的女人，没有人真的看上我，也没有人走入我的心里。我到现在没有丈夫也没有孩子。我是30多岁的人了，不再图什么，只图个安稳了……"

白先生从她故作轻松的语态中渐渐看出了她的沉重和失落。她派头依旧，笑容却已不再灿烂，正如一个历经沧桑之人，努力地亮出最美的那件衣裳，以挽留最后的幸运。

白先生又动心了，不是因为她昔日的艳丽和明朗，而是因为怜香惜玉之情。明知美人已乘黄鹤去，白先生却仍想在黄鹤楼还心愿。

共同的离婚经历使他们都成了熟谙风情的人。双在医院当药剂师,白先生来上海发展,两人都是单身,一个有心再嫁,一个想在上海建立"根据地",既然双方有意,也没有什么特别讨嫌之处,就顺理成章地结合了。他们门第相符、经历相同,没有外在的障碍,家人也没什么好反对的。白先生兴奋地认为,他们的结合是"千年等一回"。

心理分析　购房心思

在上海,白先生最想做的事就是买房子,这是他扎根上海的基础。可是整整两个月过去了,他们看了很多楼盘,却一直没有买,因为他们的购房想法不同。白先生要买大套的房子,最好是独栋别墅,那样父母、姐姐、女儿,还有保姆可以住在一起,全家团聚,免了后顾之忧。可是双坚决不同意,她认为要保持婚姻的独立性就必须保持物理空间的独立,心理距离是要靠空间距离来保证的。如果他们与家人,尤其是与老人住在一起,在居家生活和个人行为等方面有可能互相影响,这会给本来应该是很轻松的家庭生活带来困扰。

白先生很不以为然地说:"我们还没有结婚,你怎么就先嫌弃我的家人,以后这日子怎么过?"

双坚持说:"这不是嫌弃,这是过平安日子的保障,也是我嫁你的前提条件。"双提出了一个折中的方案:可以买两套相邻的房子,但是不要在同一个单元,这样不影响相互照应,也可免除相互干扰。

白先生起先还坚持自己的主张,说要照顾老人的心理,他们会认为既然在同一个地方,就应该在一个屋檐下住。但是他不想为这件事搞砸了可能成功的婚姻,所以他勉强让步了,在同一个小区不同的楼买了两套装修好的公寓,可立即入住。双先搬进去了,可就在那几天,白先生有一个到国外交流的机会,他很想让女儿早一些来上海住。于是,他对双说:"我出国正好是你和我的女儿相互熟悉的好机会,不如把她接来,你有个伴,我在外也放心。怎么说你也算是她的妈……"

"我还没过门就先当后妈。你把我拴住了,自己去玩,这世上竟还有人想出如此绝顶的高招!"双被他逗乐了,说,"行,没问题。我早晚做后妈,晚做不如早做。只是有一个条件,你得给生活费:保姆费、饭费、出行费、意外保险费,还有孩子的教育费……不然,你就甭去了。"

还没正式过门,双就如此要挟,往后这日子能安生吗?白先生感到沮丧。这不仅仅是钱的问题,还涉及对人的态度问题。"我是喜欢她的,可是她爱我吗?"白先生突然没了自信。

又过去了两个月,白先生没有去成国外,也没能把女儿从老家接过来。随着交往时间的增加,他们陷入了怪圈:彼此都不想分开，但是什么协议都不能达成。白先生的父母和姐姐可以来上海，但是他们不愿意，因为他们想不通为什么一家人不住一起而做邻居；双愿意与女儿一起住，可是白先生的父母和姐姐不同意，他们说不孝老人者，不会善待孩子，他们不放心。白先生原来底气很足，对自己很有信心，可是与双接触久了，觉得她的话不无道理：与其将来有后患，不如现在敬而远之，这叫作"先小人后君子"。但是，依了双的意思，白先生就必须放弃进军上海为女儿、父母、事业而建上海"根据地"的初衷，他因此觉得矛盾极了。

时间在一天天过去，感情在一刻刻加深，问题悬而未决，婚约遥遥无期，白先生很焦虑。父母说是上海女人教坏了他，可是他对上海女人又怕又爱，离不开又不敢走近，他问自己："我这是怎么啦？"

心理解码 打开上海女人的心门

上海是个很尊重女性权利的城市，因为上海女人是东西方文化孕育出的，是那种让男性欲进无路、欲罢不能、恨煞又爱煞的女人。

白先生之所以陷入婚恋困境，是因为他按照常规去和上海女人论常理。他不知道上海女人都是论理高手，假如就事论事地和她们讨论问题，不只是他，也许所有的男人都不是她们的对手。他这有些类似以己之短攻彼之长，而且他的直率容易造成彼此的错觉,似乎他们的婚姻和感情是建立在利益交换之上的,而不是情投意合、水到渠成的结合。白先生其实是喜欢双的,因为喜欢,所以坦率。然而,女人不是这样理解爱情的。女人在对爱情还没有很投入之时,常常是很有戒备心的,尤其是上海女人,会把各种可能对自己的不利因素考虑得很仔细。但是假如有人通过了她的考验,使她放下了戒备,并能拨动她的"情弦",上海女人便会不惜一切代价"舍命爱君子",甚至有可能爱得让人"吃不了兜着走"。情是女人的心门,追求浪漫的爱情是上海女性的特点,用新奇、独特的方式表达出心中的真情,是上海女人的最爱。在感情发展的"攻坚"阶段,火候显得特别重要,在适当的时候说适当的话、做适当的事,急了不行,慢了也不行。

与其说上海女人聪明,不如说上海女人精明。假如你能使她感觉自己占了先机,她就会更加主动地表达对你的关爱。上海女人的自尊心很强,如果你能使她有做"施与者"的感觉,她就可能很快乐地为你奉献所有。上海女人在乎爱的感觉,假如你"以情为本"使她时时有被爱的温暖,她就会为你赴汤蹈火。和上海女人恋爱时,你要注意这些,假如你娶了上海女人,在居家生活中,更要给她较充分的心理优势,让她做家中的"女王",她就会为丈夫、孩子、家庭鞠躬尽瘁,死而后已。具体地说,白先生不必直白地提要求,而只要在"情"上下功夫,时候到了,双的心被焐暖了,双就会把这一切考虑得比白先生更加周到,到时白先生只要遵命照办就行。

婆媳之争

> 婆媳是天生的冤家,这是因为母亲太爱儿子、妻子太爱丈夫……

个案阅读 白领妻子和农村母亲的"遭遇战"

38岁的杜先生总算结婚了。在这以前,他一直在努力经营他的公司。直到功成业就,鸟枪换炮,置了别墅,买了"宝马",他才"众里寻她千百度",把比他小15岁的新娘娶进门。

杜先生从小就没了父亲,跟着奶奶和母亲过日子。他的母亲习惯了农村生活,奶奶去世后,母亲为照顾乡下的外婆,更是不能来城市了。杜先生上天入地,好不快活。母亲一直催促他结婚,他屡屡推说没合适的人。现在,他结束了"闲云野鹤"的生活,开始当"先锋男士",只因他娶了个外企的白领主管!

母亲为儿子的婚事乐开了怀,她从乡下赶到了杜先生家,一心一意要陪着儿子儿媳过日子。在儿媳西娜的眼中,新婚家中来了个乡下婆婆,类似于大观园来了个刘姥姥,况且还不如刘姥姥会逗趣。一大早,杜先生的母亲就起床,赶着熬粥、做点心,又唤他们起床。她哪里知道,职场人晚睡晚起,"早上"的概念和农村人完全不一样。

无论小两口多晚回家,杜先生母亲屋里的灯总是亮着,让人感觉她在窥测家中所有人的一举一动。杜先生看见西娜不满意的脸,几次对母亲说,让她自己睡,别多操心。这以后母亲屋里的灯不亮了,可有一次西娜被从门缝里射出的婆婆的目光吓了一跳。

没多久,西娜觉得这不是家,这里时时有窥测的眼和提防着的心。杜先生的母亲越看越心冷,他们怎么宁可买快餐回来在微波炉加热,也不吃她做的饭;怎么可以不吃隔顿饭,吃不了就倒掉;怎么可以早上不起,晚上不睡……杜先生的母亲越想越生气,觉得这不像个家,自己的媳妇绷着脸,不正眼瞧自己。西娜觉得,家现在像个冷库,冷心冷脸冷灶台。她忍不住了,对杜先生说:"我和你已有代沟,和你妈又隔了一层,不怨谁好坏,这日子是没法过了……"

杜先生职场得意,却被这小小的家务事难得头昏眼花,他既不想让妻子生气,更不想让母亲不满意,想来想去,只有一个办法,就是出个高价,把邻居的房子买下来,让母亲单独住,挨得近,有事可以照应,又不互相打搅。这样好是好,就是得多花钱,可为了过得舒心,西娜也认了。但杜先生的母亲很痛心,认为:"因为她嫌我,儿子竟花那么多钱,莫不是她有什么情况?"这样想着,杜先生的母亲打消了回乡下的念头,要查个水落石出。

房子终于装修好了,杜先生的母亲住进了新屋,却不肯交出老屋的钥匙,理由是:儿子都是我生的,这房子我怎么不能进。西娜想,只要分开就好,有钥匙也没关系,偶尔来来,也是人之常情,也就罢了。没想到,有一次杜先生出差,西娜子夜时分刚入睡,被一阵轻微的声音惊醒,蒙眬间睁开眼,她竟看到一张满是皱纹的脸。"啊……"大惊失色的西娜跃然而起,说不出话来。杜先生的母亲说:"我不放心你一人在家,才过来瞧瞧,打搅了……"

杜先生的母亲蹒跚地走了,西娜却再也不能入睡,她在电话里对远在千里之外的杜先生吼道:"你再不回家,我就要和你离婚!"

走在小区的草地边,西娜感觉人们在嘲笑她是个坏媳妇。面对婆婆,她对自己失去了信心。家已经不能使她安心而是让她焦虑,她的精神一天天地憔悴起来。

杜先生是深爱着西娜的,他也爱自己的母亲,可是这样的"代沟"实在难以跨越。他不善言辞,但他知道这样的状态不是靠说就能解决问题的。于是,他采取了回避的态度,静观其变。

周末的夜晚,他们早早地入寝,西娜昏昏欲睡,杜先生的激情赶走了她的睡意。她微微睁开眼,只听她"啊"的一声大叫,急欲从床上跳起,她似乎看见了杜先生母亲的脸……杜先生奋力抱住了西娜，在他的安抚下，她总算恢复了平静。她甩甩脑袋，想拂去眼前的幻觉，她庆幸眼前不是杜先生的母亲，而是她亲爱的杜先生。风波结束了，可激情已经不在了！西娜失去了与杜先生做爱的兴趣，她甚至厌恶做爱，因为杜先生的脸实在太像他的母亲，这种相似引发了西娜的恐惧，她失去了"爱"的能力。

夫妻生活越过越别扭，西娜提出回娘家小住，以观后效。杜先生的母亲甚觉无趣，终于放弃了对儿子儿媳的"关照"打道回府。杜先生深深地叹息，打发一天天甚是无奈的日子。"难道我只能如此吗？"杜先生因此向我发问。

心理分析 新生活和旧伦理的挤压

新婚的欢乐终究敌不过深邃的代沟和巨大的城乡、中外、古今的文化差别，以自我为中心的中国新生代在传统的中国家族伦理、习俗的干涉下，已经焦头烂额。婆婆依然是她的婆婆和杜先生的母亲，可西娜的心里已深深地失衡了。

当前的中国，不仅在思想上同时并存着农业社会、工业社会和信息社会的认知方式和理念，在生活方式和工作方式上也是如此。假如这样的冲突同时存在于一个家庭中，它在人们的生活中引起这样的碰撞，在心理上导致如此的困扰是完全可以理解的。

婆媳本是天生的冤家，何况是如此悬殊的婆媳。婆媳之间的

"战争"是女人对男人的争夺,缘于母亲太爱儿子和妻子太爱丈夫。无论在什么时代,这种争夺都会永远存在。现代独立小家庭的生活方式淡化了这样的争夺,一旦密切接触,婆媳的冲突将是空前激烈的,因为同样是代沟,两代人之间在生活和理念上从没有出现过今天这样大的差距。中国的新生代与国际接轨的状况所造成的对传统文化的冲击,是以往任何时代都无法比拟的。我们去理解这样的代际冲突,是为了在方式上和心理上主动避免激烈冲突带来的痛苦,而非任其自然发展。婆媳关系不好,症结完全在儿子和丈夫身上。杜先生在态度上要有个明确的倾向,要劝阻母亲过分干涉的行为,也要说服妻子适当忍耐,假如杜先生能给她们双方他是爱她们的这样的信息,她们就会平静许多。

每一种爱都不相同,因为关系的性质不同。每一种爱又都相同,因为贪爱的心情是相同的。夫妻之爱和母子之爱不同质却同量,所以婆媳之战是永恒的"遭遇战",战争的决定因素却是儿子和丈夫。杜先生的心态和能力是决定家庭关系的关键。

心理解码 "皇太后"们的恐惧

"宫廷戏"曾一度盛行,人们爱看的原因是"宫廷戏"其实是七姑八姨的家里长短。"宫廷戏"大都被演绎成了皇太后、皇后和皇帝的争风吃醋剧,皇家生活本来就是有吸引力的,何况是宫廷争斗。皇家生活引人入胜的另一个原因是情感已经不单纯是情感，而是和权力很紧密地联系在一起；争斗也不仅仅是输赢，而是刀光剑影、生死存亡。"宫廷戏"里最常见的是"母党"和"皇党"之争，争斗的焦点却是皇帝的爱情：皇帝偏爱谁，谁就倒大霉。

假如我们认为皇太后是因为情感上的原因和皇后、妃子吃醋，那就太小瞧皇太后了。她们恐惧的不是哪个女人，而是皇帝的"爱情"。因为只有产生了爱情的皇帝才可能"爱美人不爱江山"，这是关系社稷安危的大事。此外，还有一个更直接的理由：有了爱情的皇帝会反抗皇太后的控制，而引起皇太后的恐惧。

大约皇帝是只能听一个女人的话的，他做不到既听从爱妃的，又听从皇太后的，所以他只能把自己当成两个女人较劲的场地。其实仔细想想，并非皇帝不能左右逢源，而是他身边的女人们不肯罢休，很极端地不是鱼死就是网破，而且编剧一定是这样安排：皇帝爱的是皇太后恨的，皇太后安排的则是皇帝不悦的，这样充满悖论的剧情才引人入胜。

归根结底，皇太后恐惧的是自己的权力和个人意志受到妨碍，她把个人意志和社稷安危混为一谈。社稷和列祖列宗只是幌子，个人感觉和私欲才是最重要的。七情六欲权为首，权力意志是最广、最深的自我实现，皇太后爱权、弄权胜过一切。在西方中世纪的宫廷里，皇族统治者不畏惧晚辈的性混乱却反对爱情，因为他们能明白地感觉到爱情的"破坏"作用。

《红楼梦》里贾府的老祖宗贾母，就是大观园里的"皇太后"。她的恐惧和皇太后的恐惧是相通的,她最怕的是贾宝玉娶了林黛玉,更加卿卿我我,封闭在爱情中不理世事。所以,她宁可调包,不惜害死林黛玉也要换上薛宝钗,而不顾林黛玉是她的外孙女。

虽然很多人认为,在男权社会里女人是注定的弱者,然而皇权和族权的坚定维护者是女人。这就是传统文化留给我们的感觉。其实中国女性是强大的,因为中国文化的核心之一是"孝",而"孝"的核心是孝母,所以中国古代,女人都盼望生儿子,儿子可以使女人强大。

很多人都说母爱无私无边,其实母爱是有私心和有条件的。母爱的私心表现在儿子必须听从她,条件是将来指望他给自己养老。无论是皇太后还是隔壁阿姨和农妇,对后辈的期望都是一样的。假如长辈能够更开明一些,不给孩子那么多压力,那样母亲和孩子的关系和心情一定会大不相同。

"受虐"的功能

> 为什么一位聪明美丽的女人愿意被虐？因为她以为"受虐"可以换回她所渴望的东西，或者说"受虐"可以给她一些安全感……

个案阅读 终于觉悟了

西岭是一位年薪颇丰的管理者。透过她精心的妆饰与得体的举止，我仍然看出了她的紧张与焦虑。尽管她的工作强度很大，她还是特地请了半天假前来咨询，她说自己陷入了非常糟糕的境地。

前几天，西岭因病休息在家，见丈夫与来家帮忙的小阿姨在客厅里窃窃私语了好久，等小阿姨走后，西岭小心翼翼地询问他们都说了些什么。不料丈夫像老鹰抓小鸡似的把她从被窝里拽出来，扔到了卧室外，骂道"看你再管我的闲事……"，然后砰的一声关上了卧室门。西岭被扔在那里，被吓得牙齿直打架，只觉得心中涌起一阵阵巨浪，撞得心口发痛，想要呕吐。阳台就连着客厅，死的念头掠过她的脑海。但此时，三岁的儿子出现在她的眼前，儿子悲哀而乞怜的目光打通了堵塞在西岭胸口的绝望，使她喘了一口气。这时，西岭才终于恢复了感觉，伏在地上嘤嘤地哭出声来……这样的遭遇已远非一两次，每次西岭都陷于惊恐、绝望中，可最终她还是放弃了反抗。她既没有寻死，也没有吵闹，而是选择了在门外求饶，等上几个小时，然后丈夫才满脸不屑地放她进去……

西岭绝对不是个生来便喜欢被虐待的人。大学时期，同学们称赞她是纯洁、美丽的天鹅。她是众多男生心目中圣洁的"白雪公主"。将毕业时，剽悍、勇猛的篮球队队长以其木讷的憨态与独特的求爱方式——在生日"派对"的舞池中当众亲吻了她——获得西岭的芳心。一年后，他们结婚了，其后的两年是西岭事业的高光时刻，他们引进风险投资创办公司，虽劳碌奔波却形影不离。但是由于缺乏经营公司的经验，公司面临破产，他们也产生了分歧，丈夫希望撑下去渡过难关，西岭却认为应该关闭公司，出去打工。他们的公司终因撑不下去而倒闭。西岭因形象优势与优秀的外语水平很快便应聘成为外资公司的中层管理人员。丈夫因一时没有合适的工作而在家待业，夫妻关系因此变得敏感并最终出现裂痕。丈夫因为自己成了靠西岭养活的人而陷于忧郁中，他认为是因为西岭没有积极配合他，才使他处于如此尴尬的境地中。他因此常沉着脸，迁怒于西岭，给了她很大压力。

对于他们而言，钱是个敏感的话题。每个月领到工资后，西岭只给自己留一点零头备用,其余的尽数交给丈夫让他自由支配。丈夫很快便适应了这种生活方式,每个月掌控着西岭的大部分薪水,过着衣食无忧的悠闲生活,还招些年轻漂亮的小阿姨来家里做钟点工。为了让丈夫高兴,西岭一心只想把工作做得更好,她并不在乎丈夫与别的女人过往甚密,虽然她也不知自己是出于什么心态:究竟是故意逃避还是无意忽视。但是,在临近春节的时候,西岭忽然有了警觉,怀疑丈夫心存不轨。

要过春节了,西岭想从工资中拿出一些钱送给母亲,让她过个宽裕些的新年。丈夫立刻沉下脸来,显出一百个不满意。这令西岭起了疑问:为什么他会这样?他怎么可以这样?再后来,她又发现丈夫与小阿姨的眉目神情都有些异样,自己与丈夫却显得越来越生分,西岭这时才对自己的生活状态感到不满意。她试图改变现状,努力与丈夫沟通,并不想把大部分薪水上交,但是为时已晚。

心理分析　心情在暴力中异化

丈夫发现西岭有"反抗"的念头后,便制造事端,采用辱骂、暴力等方式对她进行身心虐待。每次冲突后,西岭都悲恸欲绝,但想到年幼的儿子,她又每每含辱忍垢。暴力遭遇不抵抗,施暴者也很不是滋味,他们夫妇双方的心理都在扭曲、异化。

西岭习惯了以受虐为代价获得他的谅解,因为丈夫施暴后往往是以身体语言来抚慰她,这是西岭得到刺激与快感的一种来源。但是时间久了,西岭终于醒悟了,不甘再遭受踩躏,她希望改变现状,因而寻求心理咨询。

丈夫的暴力为什么会愈演愈烈,又是怎样被西岭在心理上接受,这是值得分析的。西岭觉得丈夫的不愉快和她的成功有关,是她的职业成就羞辱了他。她能够理解没有工作的男人自尊心会受到伤害。但是西岭的内心也很矛盾,她认为:"我没有办法放弃工作,我们要过日子呀!"西岭为此千方百计地弥补自己的"过失",想不露痕迹地保护他的自尊。

西岭的努力忍受确实是有"奖赏"的,施暴后的丈夫有时会像一个父亲或者大哥,抚摸着妻子的脑袋,轻声地安慰她,亲吻她,紧拥她,乞求她的原谅,责骂自己负心。然后,西岭会被感动,伏在他的胸口,因这终于到来的赦免痛哭不已,像受了委屈的孩子看见了父母的微笑那样。而此时,丈夫的铁石心肠似乎也被软化了,恨不得自己变成一头小羊,让妻子拿鞭子狠狠抽自己才能赎清自己的罪孽……这么折腾一下,他们夫妻的性生活特别缠绵、刺激……

西岭只知道自己的痛楚与短处,还以为只有她一个人在过着这样喜忧参半、莫名其妙的日子,其实这样的女性并不少。有相当一部分女性,在丈夫的控制与"训练"下变成了一个似乎愿意受虐的人。通过西岭的遭遇,我们可见这类女性的心理过程:①

自我保护意识,体现为对不同意见、观念、行为的质疑、提问、抗议;②受到侵犯,被辱骂或者暴力干预;③投降、服输、哀求;④被接纳、受到鼓励与赞许;⑤找到"好感觉",被施暴者的忏悔感动。经过几轮循环,这种冲突与解决冲突的过程成为一种模式。时间久了,双方情不自禁地陷入这个怪圈,使这种解决冲突的方式成为生活习惯。最后,这种冲突过程在女性心理上被简化成为"为了得到丈夫施暴后的安慰和由此引起的身心刺激,宁可付出被暴力侵犯或心理虐待的代价"这样一种状态。被虐心态由是形成,它是心理防卫机制在女性无奈地承受暴力侵犯时变被动为主动的心理调节过程与方法。在以前的历次冲突中,西岭都是依据这个模式苦中作乐、苟且偷安的。更多时候,她是无意识地、身不由己地受心理惯性的驱动而"自讨苦吃"。但这一次,她感觉自己受到了严重的伤害,丈夫事后的甜言蜜语已远不能弥补她病中受到暴力侵犯导致的身心创伤。并且,因为这次被侵犯,引发了她对自己生活状态的反思:"为什么我会落到这个地步?"

心理解码 女性内心的不安

成功的女性越来越多,然而成功的女性常常对男性怀着歉意,这是封建伦理潜移默化的结果。暴力证明了这些男性处于弱势地位,暴力证明了他们的绝望。

我们通过西岭的经历，可以感知她是怎样一步步后退，最后无奈地成为一个"受虐者"，也可以想象她丈夫的虐待本性是怎样一步步被激发出来的。从表面上看，似乎是西岭在鼓励和暗示丈夫来虐待自己，但是撇开现象上的因果互动，我们可以发现西岭无奈地承受虐待背后深层次的人格和心理的弱点。这些弱点并非她个人特有的缺陷，而是作为第二性的女性的共同弱点。造成女性心态、行为弱势现状的文化与现实因素是深刻而广泛的，并且具有连锁反应。长久以来，男尊女卑的权力关系是造成目前女性特质发展的基础条件，性别歧视是导致女性易于接受虐待事实的文化条件。性别歧视是一个庞大的压迫体系，包括语言、社会、经济、心理与政治层面的因素。不愿屈从于男权社会规则的女性会遭受最严厉的矫正。男性的虐待便是旨在强迫她们服从，假如她们不接受而公然抗拒，就可能会遭遇严重的欺压。

科技社会的文明解放了女性的智力、能力，使女性能够适应各种关键岗位，但是未能全部或者大部分解放女性的心理和精神。西岭因其聪明、能干挣得高薪，这本该是可喜可贺之事，她却因自己的成功愧疚不安，并因此遭受虐待。她的丈夫一方面因妻子的才能而嫉妒得心理变态，另一方面却心安理得地挥霍她创造的财富。他们不正在不约而同地实践"女子无才便是德"的封建伦理道德吗？

人都是趋利避害的，为什么很多女性甘愿奉献、甘愿受虐呢？这是由女性既成的特质规定的：在动机上，她们更多是为孩子而忍辱负重，因为孩子对于父亲与母亲的意义是不一样的；在需求上，她们更多是追求精神、心理和情感的满足，因为她们难以直接以权力与行动满足、实现自己，只能退而求其次，在丈夫的后面通过男性的力量实现自己的意志；在价值观上，家、丈夫、孩子是女性体面的证明，是女性心理需求价值体现形式的外延，因此她们为了保存这个形式，不惜付出受虐的代价。我曾与西岭仔细地探讨使她忍受虐待的心理成因，她描述道："每当我下决心破除这个家时，'孩子将没有爹'的念头便会让我很恐惧，还有就是脑海中两人初恋时的甜蜜与快乐。我们有过那么甜蜜的过去，我又怎么忍心丢弃它。于是，我便想怎样才能做得更好，总有一天能够令他感动，找回以前的好时光……"

经过几次这样的探讨，西岭终于明白了自己的心态，也明白了丈夫所作所为的意义。六个月后，她提出离婚，协议离婚不成，她终于向法院递交了离婚起诉书，同时搬出了那间房子。对她来说，及时醒悟还不算晚。

他有没有外遇？

这是一个关于高学历并不算成功的男性的"成功压力"的故事。他用冷漠做武器，消耗妻子对自己热切的期望，以逃避自己"失败"的沮丧……

个案阅读

我收到一封邮件：

我是个40岁的职业女性，在企业负责市场拓展和营销。读完本科后，丈夫一直没有满意的工作，是我拼命工作供他继续读硕士、博士。为此，我们的儿子现在只有3岁。他现在是企业的副总裁，压力当然很大，但是他踌躇满志、春风得意。他对我确实很好，周围的人没有一个不羡慕我的，都说我当初有眼光，买的"原始股"一飞冲天了，我说自己是好人有好报。但是去年底，我发现他有明显的变化：回家越来越晚，话越来越少，出差越来越多，情绪越来越消沉。有次入睡前，我突然呕吐，咳嗽不止，气都快接不上了，他却表情淡漠地躺在床上毫无行动。他的母亲起身为我清除污物，然后我自己强撑着去洗澡。那时，我身体的痛苦淡化了，心里的刺痛感却越发明显：我在他的眼中只不过如此。这可以说是一个起头，让我更受不了的是他明知他的行为让我担忧和沮丧，他就是不解释、不表示，采取回避的态度。我是个急性子，受不了他这样钝刀子割肉似的折磨，就和他明说：'我受不了他那样的冷漠，回想曾经的亲密关系，心痛得几乎窒息。'我已经好多个夜晚都是夜半惊梦，感觉他在外面有情况……

他起初耐着性子与我"沟通"，冷冷地辩解说他的工作压力很大，大到我根本无法想象，说他从没有过"花心"的念头，与女同事、女下属也仅限于工作交流。他让我放心，不要无事生非，好好过日子、带孩子。他的"表态"基本上是给我打了"镇静剂"，我也逐渐安定下来。直到有一天，我的一个闺密告诉我：看见丈夫和一个二十四五岁的女人一起在高尔夫球场……天呀，那一刻我觉得自己比秦香莲还要命苦，只觉得世界一下子塌了，急得话也说不出来，我觉得难以置信！但是闺密拿出了拍下的照片。闺密解释说，她本不想拿出来，怕我不信而继续吃亏，便拍下了照片作为证据。

好不容易熬到晚上他回来，我怒不可遏地拿出证据和他对质，谁知他轻描淡写地回答："我打球是工作需要，又不是在床上被捉奸，没什么可激动的！"据他说，那是一位重要客户的代理商，有重要业务洽谈。我又闷掉了，他说得很坦然，又没有抵赖，我还能说什么。但是我的心态崩了，照片中那个女人的脸一直萦绕在我的头脑中，怎么甩也甩不掉。我想也许那是冥冥之中有谁在提醒我将要面临的危机，于是我开始调查那个女人的情况：她确实是个代理商，单身，住在丈夫单位附近的宾馆。我设法查了丈夫最近的手机通话记录，发现他和某一个手机号的联络特别密切，最多一天有六次通话。我拨通那个电话时紧张极了，生怕那是个女人。然而，电话那头真是个女人，而且是个年轻的女人！我现在只剩下最后一丝希望了，我查看了丈夫本月出差的日子里，他们是否有联络，结果是仍有通话的！我的心放了下来，有电话说明他们并没有住在一起，假如没有电话，就有可能他假借出差去同居了。

虽然没有证据，但是我有感觉，他对我不忠诚。我现在如同活在地狱中，茶饭不思，人也瘦了十斤，我太需要支持了，请您帮帮我！

紫烟

心理分析 40岁男人面临的诱惑

40岁是男人的"多事之秋"，他们处在这样一个阶段：已经度过了婚姻磨合期，家庭生活基本稳定；孩子已经长大了，基本可以放手；自己的事业稳中有升，精力充沛而情绪饱满；妻子逐渐变成生活伴侣，他们的心中时而会生出郁闷和惆怅……此时的他们会本能地"张望门外"，玫瑰、雏菊、蒲柳、小草，只要落花有意，流水无孔不入。40岁的男人是雄伟而宽厚的，他们很能包容，因为他们寂寞，但是他们是中庸的、保守的、胆怯的，一般不会为情、爱、性铤而走险。

40岁女人面临的危机

40岁是男性和女性在生理和心理上的第二个反差期。此时的女人在身体上已经逐步进入更年期，对性事逐渐淡漠，对丈夫的关怀减弱，心思全部在孩子、家务、职业上，对自己的生活状态认同并习惯，因而失去了激情和由此产生的魅力。一个工作紧张的事业型女性把丈夫的爱当成了心理上的支撑、依赖和习惯，却很少意识到应该怎样去更新、激活这份爱。

紫烟的不安和情、性缺失有关系。女性更年期的婚姻危机是全世界都存在的问题，并非她独自在承受。

心理解码　给紫烟的建议

1. 别把怀疑当成事实，没有证据就当没有发生。怀疑可以无中生有，进而毁掉一切。

2.做个有心人，如果有确实的证据，就据理力争，合理谈判，软硬兼施，不到最后决不放弃。

3.丈夫尚处在"调情"阶段，还在"门口徘徊"，既不可放松警惕，也无须焦虑，但要重视。

4.自己需要改变与丈夫相处的方式，更温柔、更体贴，但是最忌讳和他"说理"。男人永远说不过女人。

5.以"丈夫有外遇的18个征兆"作为参考。

(1)突然对你非常好，嘘寒问暖，似有歉疚感；

(2)对你很冷淡，不愿意多搭理你；

(3)对你的指责增多，有时简直是挑剔；

(4)对手机"过敏"，过分关注；

(5)通话时，会故意躲着你；

(6)特别在意着装，左右打量唯恐不妥；

(7)晚上拖延入睡时间，等你撑不住睡着了，他才上床；

(8)还没等你"示爱"，他先嚷嚷累了；

(9)性生活明显减少，甚至没有；

(10)经常晚归，打他手机时，往往周围一片寂静；

(11)消费增高、开支加大、出差频繁；

(12)沉默寡言，心事重重；

(13)经常神情委顿、疲惫不堪；

(14)拒绝和你去休闲、购物、度假；

(15)不愿意见你的父母；

(16) 拒绝透露自己的行踪;
(17) 害怕和家人单独相处;
(18) 在家的时间越来越少。

精英女性的爱情悬念

> 女性精英群体以过人的智慧和才干取得事业的成功,她们自己的爱情花园却往往是荒芜的……

个案阅读 爱我几分,爱钱几分?

心草是咨询公司的高级顾问,她卷曲而飘逸的长发和粉红的春装令人着迷。

大学毕业后,心草有过一次短暂的恋爱,已经单身5年了。后来,她认识了比她大5岁且离过婚的陈天,他们相爱了。心草有自己的房子,在足够了解他以前,她不愿意到他那里去,所以陈天搬进了她的家。他曾经是公务员,总觉得自己没有得到应有的重视,终于下定决心离职,去寻找自己的舞台。他先在私企做销售,公司破产后又在广告公司做业务,最后他烦了、腻了,觉得做什么都不是自己所喜欢的,干脆在家修身养性,做起了"居家族",成为"自由职业者"。心草年薪丰厚,她并不在意陈天的职业状况,也不问他对未来的打算。和他住在一起,下班回家有人招呼，有人心疼，嘘寒问暖，心草就很满足了。"五一"的前一天，陈天要心草请假，一起去高档商场消费，心草犹豫了一下，还是同意了。心草想，虽然那里消费水平很高，可是他这么热切地想去，也就成全了他吧。挑选完商品后，心草想他今天可是破费了，谁知账单来时，他却说："我没钱，你买单……"

心草很吃惊，但还是把账单付了，她并不缺这些钱，但是心里很不舒服。虽然没有表现出来，但是她对陈天的印象变差了。这以后，陈天更颓废了，似乎压根儿忘了找工作的事情，日常开销却越来越大，花的钱绝大部分是心草给的。心草对他不满意，却不知怎么说才好，劝他去找工作怕他以为自己嫌弃他了，由着他这样自己又受不了。心草是商务咨询顾问，交友广泛，难免有人会发各种消息。那天她收到一条貌似暧昧的短信，她没在意，把手机随手搁在桌上。陈天拿过去看了说："你自己小心了，搞定你这样的老姑娘可是很容易的……"心草立刻反驳说："我还没有嫌弃你这个老男人呢，你凭什么损我？"

这样的"忠告"令心草很受伤："莫非他认为自己就是这样搞定我的吗？"想到这里，对陈天所有的不满顿时涌上心头，心草失去了安全感，变得十分焦虑。

心草来找我时，神情沮丧。她说自己曾经劝陈天去找工作，可是他说为了爱情，他已经没有精力去工作了……

当时，心草觉得这是爱情，现在想来感觉陈天是为自己提供"性服务"。心草愤愤地说："难道他以为我只需要性吗？"

心草确实是爱他的，喜欢和他在一起的感觉。她认为陈天也是爱自己的，可是他的"搞定老姑娘"的语言以及由此产生的联想使心草产生了严重的不安，她觉得他太过分了。但是真的要离开他，心草一时也做不到。

怎么办呢？

心理分析 精英女性的农业社会意识

现代女性的社会地位不断提高，可是在心理上没能超越传统文化和伦理的束缚，她们因此在传统和现代的夹缝中焦虑。精英女性的职场境遇和物质生活几乎已完全与男性平等，她们也能接受自己的社会价值，但是在个人情感生活方面，她们常常显得一筹莫展，她们的婚姻观念还是停留在农业社会"男强女弱"的习惯心理状态。

由于自身的职业能力和社会地位已经较高，在没有找到更强的男性可以让她们依靠的时候，她们会默念着"宁缺毋滥"，自我坚持。坚持不了，她们又转而喊出"养花养草养老公"以显示自己的强势和豪爽。她们这样的心理是可以理解的，她们在心理上尚不能够适应自己的强势地位，不能做到真正的心理、精神独立，所以出现或者依赖更强势的男性，或者藐视他们、把他们看作是依靠自己的弱者的两种极端心理和行为。

男性在对待现代成功女性的爱情观念和态度上也有"落井下石"的嫌疑，是他们推波助澜，使精英女性备受挫折。可以这样理解：当男女两性在社会地位和经济地位对调的时候，男性也面临着心理上的困惑，他们要解决的是男性优势不再明显带来的地位"下降"的心理问题，而女性要面对的是职业能力突飞猛进使她们的地位"上升"的困惑。男性往往在无意识之间把这种困惑通过婚姻、恋爱转嫁给女性。当他们在职场上难以成功时，"我不爱你"就是他们给女人的最大挫折。一般来说，越是成功的女性，越渴望被爱，因为她们被爱的概率比一般女性低，所以她们常常只能自己去爱别人，并为爱受苦。

心草的爱情是失衡的，她在心理上具有明显的优势感，而这恰恰是爱情最大的障碍。爱情的本质之一是心理、人格意义上真正的平等。心草只有在心理上和男友平等相待，重新协调和陈天的相处方式，这份爱情也许才是可以延续的。经过和我讨论，她准备这样和他去沟通：其一，希望他退回到原来的距离，回到自己家里，想过来应该事先打招呼；其二，他应该尽快去找工作，而不是像现在这样在经济上依赖他人，在经济上基本实行"AA制"。

计划是有了，心草还是很不自信，她生怕陈天说她势利眼、落井下石，嫌弃他没有工作。我认为她这是嫌弃他不想找工作，而不是嫌他暂时没有工作。他在经济上不依靠别人而自力更生也是完全应该的。公平的才是持久的，他没有自己的独立人格，像一个需要依靠他人的孩子，这样的爱情能持久吗？

心理解码 "乱世佳人"郝思嘉

郝思嘉是长篇小说《飘》的女主角，是一个美国南北战争时期南方庄园主的女儿。战争使她的家庭陷入贫穷，使她流离失所。然而，在父亲去世后，郝思嘉作为家中的长女，带领着家中的妹妹，亲自下田种地，历经磨难，重建家园，养活自己。同时，她还在如此艰难的环境中，充当了贵族青年艾希礼妻子、儿子的保护神，为他们呕心沥血，不惜一切代价。支撑她如此行为的，不是抽象的善的道义，而仅仅只是她对艾希礼的承诺：她答应过艾希礼将保护他的妻子……

其实，郝思嘉并非一个忠诚于承诺的、守信的人，她是一个个性强烈、活生生的自我主义者。她在年少时可以因为一个团体的谈话中心不是自己而扭头就走，她也因为负气而嫁给一个自己不爱的人，她甚至为了一顶心爱的帽子，屈尊与白瑞德套近乎。而在心里，她是看不起白瑞德和他的钱财的。郝思嘉之所以为艾希礼做了那么多，是因为她一直深爱着艾希礼。当艾希礼娶了媚兰为妻而不是她时，她虽负气而嫁给媚兰的哥哥查尔斯，但这种爱却没有消除。相反，随着自己生活的颠沛流离，她对艾希礼的爱日渐强烈。小说就是在这样的冲突背景中描写了郝思嘉的命运与心理，使郝思嘉这个人物丰满而可信。郝思嘉的这种爱情心理在今天仍有典型意义，这是《飘》这部小说能够经久不衰的主要原因。

艾希礼的妻子媚兰死了，郝思嘉在悲痛之余心中却生出了一丝希望、一些安慰，她认为现在艾希礼终于可以属于自己了，虽然那时的她已经和白瑞德结婚了。

然而，艾希礼用寥寥数语打破了她的"爱情梦"，艾希礼对郝思嘉说："媚兰死了，我也死了……"就在艾希礼显露出他的懦弱与绝望的那一刻，郝思嘉才真的明白，艾希礼从没有像她所期望的那样爱过自己，而"艾希礼是爱我的"这样的意识，不过是她长期以来用以自欺、自慰的一个虚幻的梦。

故事发展到这里，作者没有进一步探讨郝思嘉的爱情心理，其实郝思嘉长期以来孜孜以求的，本非艾希礼这样一个真实的人，而只是艾希礼的一个幻象。在这个幻象中，包含了一个女人的许多理想与愿望：有对理想爱情的憧憬，有为爱情献身的悲壮，有因为输给了媚兰的不甘，有对现实生活的不满意与逃避……艾希礼对于郝思嘉，早就成了远处飘扬的一面爱情旗帜，带着鲜明的爱情色彩，一直召唤着她不停地往前走，一旦走近了，她才发现那面旗帜并不是她所向往的那样，那面旗帜只不过是她的爱情幻象而已。所以，有人说女人在还没有爱上谁时，已经先爱上了爱情，女人需要在对爱情的憧憬中，奉献、悲壮、自我感动、自我怜悯，而后使心智逐渐成熟。

与郝思嘉对艾希礼的"爱"形成明显反差的是她对白瑞德的感情。他们在本质上十分相像,个性强烈、以自我为中心、意志坚强,对所欲之物志在必得。他们因此相互具有强烈的吸引力。但是,郝思嘉对白瑞德犯了与对艾希礼同样的错误,她观念先行、画地为牢,不顾白瑞德爱她的事实,也不顾自己对他心向往之、身愉悦之的事实,坚持认为自己是不爱他的,屡次伤害白瑞德的自尊心。最后,郝思嘉发现自己爱的不是艾希礼,而是白瑞德时,白瑞德的自尊已经被完全摧毁了,导致他离家出走。

这是小说的结局和高潮,郝思嘉"鸡飞蛋打,两面落空"。但是小说的意义也在于此——郝思嘉终于明白自己究竟爱谁,她发现自己早就爱上了白瑞德,只不过她没有意识到而已。这也是我们要讨论的关键:意识常常改头换面欺骗我们。常有女性对自己竖着警示牌:"我是不会爱上他的",却又身不由己日趋亲密,猛然回首,才发现自己已经走得太远。

郝思嘉的故事也揭示了一个简单的真理:人们往往看重得不到的东西,却轻视已经拥有的一切。郝思嘉是个坚强、聪明的女人,当她明白自己爱的是白瑞德时,她便发誓:"我一定要让他回家。"白瑞德会回来吗?相信每个读者都有自己的答案。

男性世界的动荡

> 事实上，男性也需要关注，尤其是男性的生殖健康。某地区的男性生殖健康状况调查资料显示：男性在性关系上"下岗"的平均年龄只有47岁……

个案阅读一　被冷漠控制……

李生是某企业的销售总监，收入不菲，再过一年就"三十而立"了，这是一个男士特别困顿的年龄。他从南方遥远的海滨城市打电话找我咨询，其时月上树梢，夏风隐隐，只听他说道："我现在在自家的花园里，看着楼上的灯光，想象着妻子黯然的神情，觉得心头特别沉重……"

就在这样树影婆娑、月光皎洁的夜，他倾吐了心中憋闷许久的烦恼。他的烦恼有点特别，他不理解自己为什么而困惑。

他和新婚的妻子都是一家企业的中层干部，被人认为是珠联璧合的佳偶。然而，结婚不到一年，他便明显地感到了妻子的冷淡。他曾想以心中的激情去点燃她逐渐消散的温柔，可是和她离得越近,他越是无法动弹,妻子的冷漠逐渐浇灭了他的热情。李生非常困惑,不知道他们之间究竟发生了什么。

冷漠与激情一样,是最具感染力的。妻子没来由的冷漠的态度使李生的情绪每况愈下。妻子向他提出:与其冷脸相对,不如暂时分离,以检验彼此的心性。李生主动提出到外地的分公司去工作,其条件是每周飞回来一次"探亲"。他们以为小别胜新婚,距离可以激活"沉睡"的性,但没想到本来就冷淡的心情加上时空的阻隔,再相聚时竟是似有若无,想拽也拽不住。

阴影占据了李生的心头,他想放弃了,只能以"缘尽"来解释他们婚姻的归宿。然而,在若即若离的日子中,他发现妻子的活力在慢慢恢复,尤其是在互联网上,那神情、姿态,竟又如从前他似曾相识的。

妻子陷入网络爱情,李生更是无聊了,难道去对网络发难吗?还是自己去网上解闷?但是网上的爱情游戏毕竟不适合如李生这样的人,他能洞穿这种虚幻的情绪,让自己保持清醒。

但是,他苦恼,自己为什么不会"吃醋"?又为什么不感到痛苦?"难道我失去感到痛苦的能力了吗?"痛是人处于危机的警示信号,没有痛感的人,不能有效地保护自己。

妻子也许想以网络恢复激情,然而网络成了她逃避现实的屏障。

李生想顺其自然,静观其变,却不知自己日渐漠然。李生反省:"难道自己也失去了建立亲密关系的能力吗?"性对于他们，是多余的晚餐。身体没有了对异性的感应，心里面一片茫然，果然是"人淡如菊"的境界，他们深感无奈。

我问李生："你觉得妻子有外遇了吗？"

"假如是这样，她不会那样无聊，我也不会如此困顿，一切都好解释了。"在李生看来，有外遇是妻子身心功能健全的表现。

我又问："你们想过离婚吗？"

李生为此事曾征求过妻子的意见，妻子说离婚太麻烦，假如李生不介意，不如将就着过。现实情况是他们虽没有爱，也不彼此讨厌，更没有仇恨，却只能任爱情自然颓废。李生的不安是：处于这样的境地，他居然已渐渐适应了这样的生活。再往后，日子会变成什么样呢？紧张地工作，冷冷清清地过日子，体面的服饰包裹着冷漠的心……难道往后唯一的娱乐就是在网上漫游、"神交"，疲惫以后下线，怀着深深的失落进入荒芜的梦乡？

个案阅读二　由高到低的困难

芳和赵先生从20岁起就在同一家企业工作，当年赵先生是企业的党支部书记，芳是出纳。三年前，当赵先生亲手签掉了场地的承包合同，说服了最后一名员工离开企业后，他把最后一张辞退通知书留给了自己。上级单位的领导说："你是有功劳的，只要你愿意，我们会对你负责到底的。"可是赵先生选择了回家，他认为把员工们疏散回家，自己留在这里混饭吃已经毫无意义，不如就此机会出去试着闯出一番天地。当年43岁的赵先生毅然离去，芳仍在单位做承包方的财务，她的收入越来越好，而赵先生在人力市场上转了三年，三天打鱼，两天晒网，一直没有固定的工作。老母亲焦虑得夜不成眠，妻子的数落逐渐增多，儿子的开销逐年提高，赵先生的情绪慢慢消沉。现在，46岁的赵先生没有学历、没有技能，也没有专业的管理知识，最关键的是他连力气都没有。除了像原来那样在一个小规模的基层单位当管理者，他还能做什么呢？他曾经炒股，可是股市有风险，当仅有的一点钱也搭进去后，他灰心了。有一段时间，他天天在家下厨房，养老携幼相妻，可是他在心底里究竟是不能认同这样的生活的，当他心情糟糕到失眠时，他连丈夫的床笫职能也无法尽责了，夫妻关系从此更加紧张，妻子并没有对他不好，可是他的状态仍然很差。他的压力来自男性主体的男权文化，也来自自己对自身状态的不满，他一直没有认清事实，没有接受自己的现状，在心理上他失去了"与时俱进"的勇气，所以他被现实社会在心理和生理上击败。经熟人介绍，他找了一份超市保安队队长的工作，工资并不高，可是他似乎找到了些感觉，尤其是领导对他说："你不愧是做过党支部书记的，素质确实高！"

心理分析 两性优势逆向转化

不断发展的社会经济改变了我们的生活状态，也改变了我们的心理结构，人的寿命在延长，智能在不断地被开发，然而性和激情在退化，生命力在逐渐萎缩。面对着被物质吞噬的人的精神与原始生命力，我们就理解了劳伦斯在《查太莱夫人的情人》中呼唤守林人的良苦用心。

李生夫妇的性冷淡与麻木，主要原因是他们无限制地追求成功、升职、经济回报，在高度紧张的压力状态下，透支了生命能量，破坏了情绪结构，抑制了人的自然需求与激情，以致失去了发展快乐本能的能力，陷入持续的冷漠、沮丧的心理状态中。性冷淡、情绪低沉是生命力退化、生命质量下降的体现，也是物化时代人被异化的表现。

不仅是赵先生，在大城市里还有许多男性面临着职场发展的困惑和人生的巨大挑战。由于整体社会经济结构的变化和制度的改革，劳动力市场发生了深刻的变化，原来的平衡被打破了，人的心理也失衡了。事业和情绪的挫折影响了心理和生理的健康，并影响了男性的性健康。现代生活使传统意义上的男性特征不断退化，信息社会不再迫切需要农业时期的体力、工业时期的技能，而需要强大的记忆、灵活的操作、高品质的服务。这些几乎都是女性的强项，给女性的职业发展提供了前所未有的机会。

在这种前所未有的变化中,男性被迫接受了严峻的挑战,他们需要重新适应自己逐渐变化了的社会地位,并且接受这样的社会现实。成功的女性越来越多,当成功女性不无骄傲地喊出"养花养草养老公"时,男性是觉得羞愧,或是理所当然,还是顺其自然?俗话说:留得青山在,不怕没柴烧。身为男性,只要拥有健康的身体、旺盛的精力和不言失败的信心,生活一定会有转机的。

心理解码 不良生活方式和性能力低下

社会变革把一部分男性送上了云霄,使他们成为"成功人士",而把另一部分男性推出跑道,使他们成为临时的"全职先生"。这些处在两极的男性,都有可能沾染不良生活习惯。有些成功人士似乎陷入了怪圈,他们更多的时间是在酒店、宾馆、茶楼、浴场和娱乐场所,人在交际场,心想的是利益,"有家不能归,夫妻成路人"。这里面并非都有婚外恋情,更吸引他们的是钱。钱使他们人情淡漠、性事清冷,回家的次数已是屈指可数,而家中的"糟糠之妻"像干枯的秋草过了时辰。她们有些像高级保姆只负责管家、管孩子,身边虽有老公的钱,却连话也说不上,所以才有了经济富足却痛苦不堪的抑郁贵妇。至于那些"全职先生",他们拿着失业津贴,一个懒觉睡到中午,两顿并一顿,从下午到深夜,打麻将、斗地主,一杯浓茶,烟雾缭绕,大呼小叫，不亦乐乎……偶尔早些回家，他们也磨磨蹭蹭，直到老婆熬不下去迷迷糊糊睡着了，他们才进入卧室。不为别的，就是因为他们长期以来食宿无定，酗酒、抽烟，以致身体虚弱，"性趣"全无。他们收入低、身体差，看见老婆、孩子都害怕，惹不起躲得开，越逃越怕越消沉。

不良生活习惯会导致身体和心理的疾病，这是人们都已经知道的事实，可是人们知道具体的伤害程度吗？有研究显示：每天抽一包烟减寿2年，每天抽两包烟则减寿12年。烟和酒都具有抑制性功能的作用，可是那些被追逐金钱的念头所控制和因为生活不称心而颓废进而放弃自己的人，却根本顾不上对身体的保养。久而久之，身体和心理都会发生问题，而性功能的衰退，就是身心功能综合衰退的征兆。

心理百科　《失乐园》之性

渡边淳一在《失乐园》中浓墨重彩描写了性感受，以及那种因性而爱、因爱而性的互动过程，有逻辑地表现了人性和动物性的交融、冲突，并最终获得解脱的过程。爱情是欲望的人性表达方式，但是人的特征是趋利避害的，当被爱情诱惑到走入绝境，在现实生活中已无路可走时，人的自毁是可以理解的。这里面有两种可能：一是相爱着的人们希望通过死亡使爱情永生，并以爱情征服死亡；二是现实生活无可留恋。这样的爱和这样的死，总是在非婚姻状态下发生。《失乐园》描写的殉情行为，虽符合逻辑的真实和心理的真实，却不符合生活的真实，几乎没有人会因为这样的爱情而不惜生命。文学作品的意义在于它可能唤起了人们的共鸣，并能引以为戒。这样的作品在文学上具有审美价值，像一面镜子照出了人们内心对爱情的想象，引导人们对爱情、生命、生活做出思考。

《失乐园》所表达的是如此浪漫、艳丽、悲壮的超现实的爱情境界。渡边淳一在《男人这东西》这本书中，却以一个坦率的老先生的口吻告诉人们，尤其是女人，男人的特征是什么。《男人这东西》简直就是《失乐园》的反注，在逻辑上完全否定了那种"殉情故事"的可能。他是这样理解"婚外恋"的：实际上，与单身女性交往的中年男性，虽然多数都重视恋情，但是他们更为看重在公司内的地位和名誉。如果恋情妨碍了这一切，他们会放弃来之不易的爱情。换言之，中年男性的本意是在不危及自我社会地位的前提下，可以与女性交往。渡边淳一的可爱还在于他能直言不讳地告诉女性，男性打算分手时的种种借口：工作很忙或者其他搪塞的理由。他认为男性对于自己心仪的女性，无论发生了什么，他都能有办法去赴约，因工作而拒绝爱情简直是岂有此理!

渡边淳一的医学背景让他从生物学的角度看待社会问题，更强化了生理的功能。但他毕竟是社会中的正常人，文化难免会造成人的压抑，所以他便以文化来抒发理想。《失乐园》所体现的爱情境界是人对爱情理想的极致，也是渡边淳一对男性理性的现实生活所做的心理上的突破。假如我们不能理解他的用意，而跟着他的思路走，会歪曲了生活中的真相、误入歧途，也会使渡边淳一深感失望：你只是他思想的俘虏，而无能力和他交谈。

爱情天仙配

全球畅销书《时间简史》使史蒂芬·霍金成为全球瞩目的"科学明星",然而这一切的前提是爱情,因为爱情拯救了他的生命……

个案阅读　爱是生命的支柱

史蒂芬·霍金出生于1942年,在英国剑桥大学学习时,他被诊断患有肌肉萎缩性脊髓侧索硬化症,通常被称为渐冻症。该病引起神经细胞损伤,这些神经细胞位于脊柱和头脑内以控制肌肉的活动。这种病不影响头脑思维。该病的患者通常因呼吸肌肉失效导致肺炎或窒息而死。

史蒂芬·霍金知道,他的身体最后会像植物一样,只有思维是完好的,但是他将不能和外界沟通。在目前的医疗水平下,这是不治之症,它是完全不可预见的,可能在短期或长期内稳定下来,但是永远不可能变好。该病的患者根本不知道自己是否会在6个月内或20年内死去。霍金得病的年龄比大多数病人更小,人们怀疑他会更早而不是更晚死亡。然而，霍金奇迹般地存活了50多年，这不能不令人万分惊讶又无限崇敬他。他带着不治之症结婚、生子，取得了巨大的成就。

霍金是个超人吗？他与病魔抗争的动力从何而来？读过霍金的《时间简史续编》，你就会明白了。

得了绝症的消息无疑是晴天霹雳，霍金的朋友们尤其为他悲伤，但是霍金淡然地接受了发生在他身上的一切，因为在诊断出疾病以前，他对生活已经非常厌倦，似乎没有任何值得做的事情。然而，挫折会击溃一部分人，也总是会拯救一部分人。当霍金做了一个自己被判死刑的梦以后，他忽然意识到，如果给他缓刑，他有许多事要做。他因此总结说："我得病的一个体验是当一个人面临早逝的可能，就会体验到活下去是值得的。"从那时起，霍金投身研究中，18个月后，英国皇家学会会刊上发表了他的一篇论文，当时他只是个研究生，尚未获得博士学位。

假如说死亡的迫近是使霍金幡然醒悟的一个强大刺激，另一个真正使他生活改观的重要因素就是爱情。一个叫简·瓦尔德的姑娘在知道霍金的情况后，仍然愿意嫁给他，这使霍金有了活下去的目标。也就是说，霍金要结婚，就必须有一份工作。

1965年，在霍金与简结婚的那一年，霍金获得了剑桥大学凯尔斯学院的研究奖学金。1967年，他们的大儿子罗伯特出生，1970年女儿露西出生，1979年，第二个儿子莫西出生。

简使霍金真正奋发起来，为了结婚、生子、养家，霍金从沮丧中站起。霍金的母亲说："这是霍金的又一次好运，在适当的时候遇到适当的人。"

我们可以相信，还有很多人是有才能、有智慧的，却因为缺乏一些基本的或是意外的条件与机遇而泯然众人矣。人的能力要有适当的动机来激发，而天生的兴趣与爱是最理想的动力之一。为了养家，霍金开始研究，一旦他投入，他就发现了自己的潜能与自己的兴趣，于是他一发不可收拾，通向成功的道路就此打开了。病魔在他高度地集中与关注于事业的同时被禁锢住了。这验证了心理学的一个研究成果：一个对自己有信心、高度集中于研究的人，他的免疫力会随之提高。因为女儿露西所在学校昂贵的学费，霍金才被迫创作了《时间简史》。那是一本科普书，介绍宇宙概况。孰料，这为霍金带来了意想不到的名声和利益。也许，这是对他作为一个慈父的回报。

后来，霍金只能依靠计算机与人交谈，他的身体日渐萎缩，但是他的微笑是真诚的。他把生命演绎到了无法想象的高度、广度。在病痛的折磨中，他成了物理学的权威。他有一个坚定的信念：人类的头脑几乎有无限的可能性。可见，他的所有成就与"爱与被爱"密切相关。我们研究霍金，是在探索人类超越痛苦与灾难的能力。在霍金身上，这体现为爱与被爱的能力是经受挫折，并在挫折中获得成长的意志与领悟力。他具有这些特点，他发扬了自己的特长，获得了巨大的成就，所以他有永恒愉悦的微笑。

> **心理分析** 现实中"天仙配"知多少？

"天仙配"的故事在中国家喻户晓，董永和七仙女的爱情成为世世代代的佳话，"天仙配"也成为美满姻缘的代称。人们也都希望自己的婚姻是"金玉良缘"。无论怎样，婚姻还是绝大多数人驻扎的"围城"，不论里面的人在做什么，只要还在那里，"围城"就还是庇护着他们。迄今为止，虽然有些人对婚姻信心不足，但是婚姻还是绝大多数人的选择。其实"天仙配"比比皆是，拥有美满姻缘者无须言说，四处诉说的往往是一些对婚姻感到困惑的人，以致使人产生错觉："围城"内皆是痛苦。爱情美谈不胜枚举："猫王"和大野洋子爱得狂热，在猫王死后20多年，大野洋子仍每年到他们曾经的住处去凭吊；钱锺书和杨绛，终其一生不离不弃，珠联璧合，爱情之充沛丰满，超越了生死；还有鲁迅和许广平……被爱情滋润的人们，不仅长寿，而且美丽，那是一种由内而外、由外而内的美丽。

爱情不会永远停留在迷人的巅峰。爱情是道彩虹，它有自己的弧线，如果希望它永续，做好内在平衡是关键。有人认为"门当户对"是外在的平衡，在广义上这不能算错，但是它的内涵已经大为延伸。除了门第，决定两性关系和谐与否的，还有许多其他因素：个体性格、生活兴趣、文化倾向、处世观念、价值判断、消费方式、心理能量、性品位、性向度、性频率等。虽然我们列出了许多因素，但是仔细分析可以发现，其中的生活兴趣、文化倾向、处世观念、价值判断乃至性品位等，基本都受到门第的影响。当然，这只是相对的。同一个阶级、阶层可能拥有更多的共同语言，这是农业时代和工业时代的特征，在信息时代，尤其是网络时代，超越阶级乃至超越国界、超越现实的共识都是可能发生和存在的，而且现代社会财富流动的频率大为加快。一夜成为富豪的神话变成了现实，原有的生活方式在急剧地瓦解，新生活方式层出不穷，门当户对的内涵因此发生了本质变化。婚姻和爱情已经由"性为本"发展到了"心为主"，精神上升时，以物质为基础的"门户论"被淡化了，而个人特质上升成为平衡的最重要因素。

心理解码 什么样的爱情更美丽？

也许我们可以从一些名著主角或是名人的婚姻问题来探讨一些由"门户"产生的问题。

戴安娜虽是贵族出身，事实上早已是小家碧玉，她以绝色美貌而令查尔斯王子倾倒。对他们来说，美貌和权贵是一种平衡。但是，它们会受到时间的制约而不可能持久。事实上，戴安娜是个"灰姑娘"，王子和"灰姑娘"的故事足够浪漫，曾经举世瞩目，然而时间使这个故事的结局并不如人所料。

希拉里和克林顿无论气质、形象、智力都可算是天造地设的一对，但绯闻破坏了他们的爱情形象和感受。为什么身为总统的克林顿会这样？也许是希拉里的强势使克林顿有莫名的压力。

贾宝玉和薛宝钗虽属同一阶级，贾宝玉不爱她是因为他们志趣相差太远，林黛玉和他意气相投却身世略逊，贾宝玉因此如鱼得水；巴黎圣母院中的美女艾丝米拉达和敲钟人卡西莫多的平衡在两极——极美和极丑；查太莱夫人和守林人因为激情和性的需求而结合——极度的性饥渴幻生出了爱；《飘》中的郝思嘉终于未能如愿嫁给艾希礼，是因为她的性格比艾希礼不知强硬多少倍，对于郝思嘉，艾希礼最大的价值是一直坚持远离郝思嘉的决心，假如他娶了，说不准第二天她就腻味。

假如我们把门当户对理解为势均力敌，美满婚姻的首要条件就是总体上的平衡，这当然也包括具有决定性的经济地位和社会地位。"门第"平衡通常是一目了然的、很直接的，然而有更多必要的匹配因素是隐性的，它主要取决于内涵而非外在的。

以类型来分，相对稳定的婚姻有以下六种：

（1）同向型婚姻。这是一种高度默契的、完全放松的，也是基本安全的组合，如《飘》中的媚兰和艾希礼，这类婚姻日子过得平静、安逸，但是可能因缺少激情而容易受到婚外情的诱惑。

（2）互补型婚姻。所谓的"互补"仅仅是在性格和其他一些形式上而已，躁动的和沉默的、兴奋的和稳定的、事业型的和生活型的、理智型的和冲动型的，在内涵上却要保持基本一致，否则在婚姻生活中就会有举步维艰的感觉。

（3）战争型婚姻。相好的两个人，争吵了一辈子，在一起时烦，不见面又想，打了一生一世又没分出个输赢，所以他们意犹未尽，谁也离不开谁。人们称他们为"欢喜冤家"。郝思嘉和白瑞德就接近这种类型。

（4）互相欣赏型婚姻。这是一种相敬如宾式的婚姻，因为有适当的距离，所以有一定的保留，因为没有死去活来，所以双方都没有过高的期望，而是常有一种欢喜的感觉，婚姻因此有持久的魅力。

（5）利益型婚姻。假如夫妻之间有较牢固的利益关联，对婚姻的稳定是有较大的作用的，经济上"势均力敌"对家庭的稳定有很大作用。

（6）偶像型婚姻。一方完全拜倒在另一方的脚下，这类婚姻在相当长的时间内保持平衡，除非有意外情况发生，对显然的强势者低头是很容易的，两人之间明确的心理等级有利于家庭稳定。

婚姻安全的类型举不胜举，婚姻中最忌讳的是在恋爱的高峰期结合。婚后的日子怎么努力也难超恋爱巅峰，因此形成巨大反差，女性因此常常抱怨："为什么他和婚前不一样了？"所以，我的建议是，别在爱得死去活来时结婚，如果过后还有感觉，也不讨厌，可以再考虑安全入"城"。

猜疑的后果

> 中年女性面临婚姻危机的情况是普遍存在的,每一种婚姻问题的形态都不同,每个人的处理方式也不同,本案的"疑心病"和"追踪冲动"就是由于缺乏婚姻安全感而产生的,我要和她探讨的便是如何理解自己的心态和如何克服猜疑的心理。

个案阅读 "窥秘者"的冲动

虽然多次接了她的电话,我却一直不知道她的名字。在所有的咨询中,假如对方不主动报出姓名,我永远不会去问。这是咨询师的常识:充分尊重人们的隐私权。

她的语气显得很焦虑,因为自己不能克服的"窥秘冲动",她似乎已能预见到,自己对丈夫的强烈控制欲可能会使家庭分崩离析、不可收拾,但是她已无力自拔。

她是一位医院的主任医生,丈夫是钢琴师,在一个文艺团体任职。半年前,在一个月明星稀的夜晚,她像往常一样安顿好孩子后，看起了专业书，等候丈夫的归来。一个电话带给她一个晴天霹雳般的消息，丈夫的一位朋友提醒她说："难道你没有发现你丈夫的变化吗？假如有一天，他离你而去，你又将怎么办呢？"

朋友直接给她提出善意的警告，这足见事情已发展到了何等地步，她自己之前却毫无感觉。她气愤，甚至有些惊慌，她无法预料下一步他还会怎么样。愤怒和惊恐使她的心里充塞着幻觉，似乎这个家明天就要毁灭了。往事一幕幕在头脑中飞快地掠过，早已接受了的、过去了的事实竟处处皆是疑点：他为什么在家中总是要背着人打手机？为什么他每晚要12时后才能归家？为什么……她再也忍不住了，马上一连给丈夫打了三个电话，电话并未接通。然后，她紧张地用双手捂着耳朵，自欺欺人地害怕听到丈夫的回电传来不幸的消息。

正在这时，门开了，神情疲惫的丈夫不解地望着紧张不安的妻子。她清醒一些了，禁不住跃身扑进丈夫的怀抱，仿佛他是失而复得的至宝。但是，"忠告电话"带来的阴影并没有消除，而像一颗定时炸弹埋在了妻子的心底。妻子想要通过自己的努力，把事实真相调查清楚，她对丈夫隐瞒了那个电话。但是，家庭的温馨与安宁从此便不复存在了。

起先，丈夫并不明白妻子为何总在自己工作时打电话来。丈夫每次都能及时回电，使她的调查没有办法深入，但是只要放下电话，她的心里便被猜疑充塞。因为她的心灵已被那个"忠告电话"控制了，她不断地自我暗示：无风不起浪，丈夫的"外遇"

之说事出有因。

在此心理支配下,她已不满足丈夫仅在电话中与她对答。终于有一天,她再也顾不得隐藏自己的真实心理,要求丈夫让旁边的同事与她通话以示证明。

丈夫长年累月地表演,夜晚正是演出最热闹的时刻,当他疲惫地回到家中,耐不住满腔怒火将要发作之时,素来贤淑的妻子看着他依然英俊的脸,再也忍受不了独自吞咽那个"忠告电话"的痛苦,走上去用手捂住了丈夫的嘴,轻轻地说:"我全告诉你吧……"

听了妻子的叙述,丈夫颓然跌坐在沙发上,一言不发。他是一个性格极其内向之人,珍惜自己的语言,轻易不大说话。他既没有表白自己,也没有谴责"朋友",只扔出一句冷冷的话:"我不相信我的朋友会做这样的事。"

看着妻子哭天抹泪,丈夫终于说道:"我说了又有什么用,我说了你就相信我了吗?还不如你自己查访,时间久了,自然会真相大白。"

但是,他们夫妻之间从此便多了一样再也卸不去的沉甸甸的东西——猜疑。由"忠告电话"引起的隔阂时浓时淡、似有似无,却再也没有消失。虽然妻子照样一天至少三个电话,丈夫也照样回复她,甚至有时候太晚了还主动把电话递给旁人接听。但是夫妻感情无可奈何地江河日下,丈夫的话更少了,妻子的疑惑也日渐积累,只因"查无实据"而无从追问。

一天，她从半夜的噩梦中惊醒过来，摸摸身边空着的半张床，她的忍耐似乎到了极限。她一连给丈夫打了三个电话，大有"你再不回家我就活不下去了"之势。丈夫的回电终于来了，她轻嘘一口气，心情缓和了一些。但当她从电话中听到了丈夫身边有女人的声音，便不可抑制地歇斯底里起来，一定要丈夫说清楚他当时的准确地点，然后乘着出租车疯狂地赶去。演出厅里高潮已过，丈夫在办公室里与女经理一边商量演出事宜，一边啜着咖啡。对着冲进门的惊恐的妻子，丈夫已无法隐藏他的愠怒，而女经理在片刻间已了然事态的全部。

在回家的路上，丈夫对哭哭啼啼的妻子说："在此以前，我从无'出轨'之事，从今往后，我也不知道自己会怎样。我不可能总是同一个不信任我的人相处，既然你那么期望证实自己无端的猜测，我又何苦自甘寂寞。现在该我问你，万一我走了，你会怎么想……"

妻子忽然停止了哭泣，扬起疑惑的脸问："你会吗？"而后，她便像生病了似的颤抖起来。

心理分析　心理暗示对行为的作用

俗话说：谎言说了一千遍就成了事实。那是因为人们在说的过程中不断受到谎言的暗示，终于使它变成了事实。也有些人在听了谎言很多遍之后，把假象当成了真相而信以为真。丈夫一而再，再而三地受到妻子的"查访"后，便产生了"我为什么不可以'出轨'"的想法，何况被"窥秘冲动"主宰的妻子，已不可能给他带来家庭的温馨与夫妻的快乐。

然而，对妻子来说，"事实真相"既被窥破，她的心反而显得安定一些。她现在认为，事情并非不可收拾，而是需要自己有步骤、有策略地挽回丈夫的心。她开始了"挽救工程"的系列活动。她打咨询电话之时，便处于这种心理状态。

在我看来，这位身为医生的妻子是足够幸运的。尽管她无事生非，丈夫还是把自己婚姻的筹码押在了家庭这一边。这也许未必是出于"良心和道德"，而更多的是出于综合考虑。权衡下来，他更需要现有的一切。我提醒她要慎重考虑的是她该如何对待婚姻、家庭间的差异与缝隙。按照常规，医生与乐师在思想上可能存在着相当大的差异，加之夫妻性格截然相反，工作时间错开，常常不在一起，使双方沟通的机会不多。在这种情况下，丈夫或妻子任何一方有异性朋友也在情理之中。碰到这种情况时，该怎么处理呢？婚姻其实是一个不断发展情感、协调关系、增进了解的交往过程。谁也不是纯粹独立的个体，双方具有心理、生理和社会上的各种紧密关联，遇到问题唯一的方法就是积极解决。这位妻子对待这种夫妻差异与疑问采取了侦查、控制的方法，其结果必然是适得其反的。这让丈夫感受到不能承受之重，并因被追逐而"逆反"。假如她采用宽松的对策，与丈夫保持适当的心理空间，使双方感觉到更多的自在与轻松，也许会使家庭更稳固。

我与她一起分析了那个打来电话的"朋友"的心理动机。这种不负责任的电话一般来说不会是出于对朋友及其妻子的爱与关心，而更可能是"恨"与嫉妒。有可能是那位"朋友"对丈夫心怀不满才出此下策，也有可能因为和丈夫比较接近的女性是那位"朋友"心仪已久却还未接近的暗恋对象，所以那位"朋友"才愚蠢地采用此种方式让妻子来骚扰丈夫。虽然我们不能详知真正的原因，但那位"朋友"的骚扰性质是确定无疑的。

我遵从妻子的意愿，拨通了丈夫的电话，我听到了一个很沉闷、压抑的男低音。当我说出了自己是心理工作者，并告知以其妻子的心理状态有问题需要他配合治疗时，他的态度明显缓和。当他知道妻子并非"无理取闹"，而是"疑心病"使然，他似乎释然了。我觉得他是不容易的，他是个善解人意的先生。

我建议妻子先要终止对丈夫的"追踪调查"。打电话或者请私人侦探不仅于事无补，还会把事情越搞越乱。只有坚决彻底地停止怀疑和侦查，才有可能在自然状态中发现事情的真相。我建议她在打电话的冲动难以约束之时，用购物的方式分散焦虑的情绪。

心理解码 保护自己，保卫家园

在婚姻关系中，夫妻之间的信任是最重要的，而合适的心理距离是信任的具体体现。一旦失去了信任，一方追得越紧，另一方则逃得越远。

在来我们知音心理咨询中心寻求心理支持和帮助的人员中，中年女性是一个较为固定的人群，除一部分咨询孩子教育问题的人以外，其他人基本上都是咨询婚姻问题。更具体一些，其中相当一部分人发现丈夫有了外遇，然后前来寻求援助。遇上这样的情况，我们一般是根据她们的具体要求和具体情况，站在她们的立场，和她们探讨如何保障她们综合利益的最大化，我们排斥那种脱离实际的片面强调女性要自强、自立、自尊的说法。同样是丈夫有外遇，情况却各不相同，有的是性伴侣，有的是生意伙伴，有的则是逢场作戏，还有的是连丈夫自己也说不清的关系。在很多情况下，时过境迁，是可以等丈夫回家的。对男性而言，也有一个综合利益的问题。当然，那些品性不良，或者对外遇方有亲密感情者除外。假如遇上死心塌地地要离家的丈夫，我们的责任是帮助她们了解事情的真相，尽快从忧伤中走出来，把伤害降到最低。使女性能够忍受丈夫不忠诚的唯一理由是，在女性进入更年期时，生理上和男性有一个较明显的落差期，此时期的男性性压抑期也是女性的婚姻危机期。但是，性永远不可能是决定夫妻关系的唯一因素，婚姻的破裂与否是一系列很复杂、很微妙的关系总和。

因为有这些前车之鉴,中年女性难免会神经过敏,她们因害怕变化而疑神疑鬼、草木皆兵,最后把想象当成了真实,让安全的婚姻出现问题,这是我们最不愿看见的事情。希望本案例能够给女性朋友们一些启示:在婚姻生活中要理智,没事不找事,有事不怕事。什么是该原谅的,什么是要坚持的,能够做到心中有数,这样才能宠辱不惊、遇事不乱,有效地保护自己、保卫家园。

婚离篇

现在是一个婚姻状况多变的时代，因为这是一个经济空前发展、人们交流频繁、社会高度开放的年代。古人认为"饱暖思淫欲"，按人的本性来分析，性是人类最本能、最激烈、最愉悦、最华丽的行为，因为性是创造生命的运动。

从古至今，现在是中国离婚率最高的时代。外遇是离婚的前奏，但离婚并不是全因为外遇。从某种意义上来说，婚外恋也是离婚后再婚的"试验田"。

当离婚成为寻常现象时，从另一个视角可以发现现代中国人的独立性增强了。无论为了什么离婚，离婚都是一种人生的决策。

外遇现象使人们反思，离婚是一种态度。有时候，离婚是一种解脱；有时候，离婚是一种认真；有时候，离婚是一种成全……

"可怜者"的离婚心情

在生活中,人们常常情不自禁地扮演着各种角色:可怜者、威胁者、审问者或者冷漠者。在很多时候,是审问者造就了冷漠者、威胁者造就了可怜者。人为什么会成为自己现在所扮演的角色呢?这是由许多复杂的因素造成的,其中最重要的是个体内在的性格类型、成长的背景和人生经历。

个案阅读 弄假成真的离婚案例

到处诉苦的女人

珠刚过40岁,头发染成了亚麻色,经常打扮得很时尚。她是医院的药剂师,平日里给人大大咧咧的感觉。可是突然间,她离婚了。更让人难以理解的是,她先提出了离婚。

朋友和同事们明显感到,在离婚后,她整个人全变了。虽然她穿得还是很讲究,说话还是那语调,可是她的眼睛里盛着幽怨，整日做梦似的。她遇到谁就跟谁说，说她对丈夫怎样好，他却是怎样辜负了自己。人们起初很疑惑，她那个看起来挺忠厚的丈夫为什么突然变了心。听了珠的诉说，人们认为珠说的话有些道理，不免对她产生同情。

提起珠的丈夫刘名，人们并不陌生，他可算是小区内的名人。他长得帅，话不多，性格很温和，是市级医院外科主治医生。他们有一个10岁的儿子，只要珠不说，外人没感觉他们夫妇间有什么问题。但是珠说，从婚后一年多起，丈夫就开始冷落她，而她一直在努力，看他的脸色，尽量使他满意，可她再怎么做也无法讨好他。他们的关系不但没有好转，而且越来越僵。刘名常常深夜回家，推开门就钻进自己的房间。珠受不了这样的冷落，有一晚，她特别期待他，便在他将要到家时先待在他的被窝里，谁知他一探头便退出去，宁可窝在儿子的小床上。珠气得拖他回来问这究竟为什么，刘名干脆表明自己在外有了女友，让珠趁早死了心。珠又哭又闹，但怎么样都没有用，他死活不理。眼看大势已去，珠已无力挽回败局，她便捅破这层纸，在父母家人、亲戚朋友那里，开始倾诉自己的痛苦，诉说刘名对自己的无情无义、冷漠和他的"出轨"行为。几乎所有的人对这样的事情似乎都已司空见惯、习以为常，只是给她鼓励，让她坚持下去，说是"心诚能使石开花"。但是珠越来越感到绝望，因为无论她怎么做，事情都没有回转的可能。他仍然毫不领情，铁了心不理她，让她陷入痛苦之中。有人禁不住会问："好好的，他为什么突然变卦了？"珠便一遍又一遍地解说："他后悔当年娶了我，因为我在婚前已经失身了……"

他们曾经是大学同学。珠的前男友去了国外后便销声匿迹，全班同学几乎都知道这件事情。对此，珠傻了似的几乎没有什么反应，但同学们都知道她其实很痛苦。当时的刘名是个不招人注意的人，可在这关键时刻，他成了一匹"黑马"，冲出来"行侠仗义"，用他的真诚医治珠的创伤。从此，刘名成了珠的丈夫，也成了她心中的神。"可是，他现在后悔了！"每每说到这里，珠总是泪流满面。

我问她："你主动提出离婚是为了报答他吗？他曾经那么虔诚地奉献他的爱情！"珠毫不忌讳地回答："不是的，我只是想试探一下他是否已经真的不爱我了。假如是，他会同意离婚；假如不是，他会劝我放弃这个想法……"

在被"怜悯"中变异

然而，珠的冒险失败了！她只想到了以离婚来试探刘名的态度，在心理上却没有准备好承受可能出现的离婚的结果。所以，当刘名同意离婚时，她便让自己陷入极其被动的局面。在此困境中，她的心理防卫机制产生作用，使她在心理上拒绝接受他们已经离婚的事实。她用自欺欺人的方法解释所谓的离婚不过是丈夫在惩罚自己，而非真的离开她。虽然她带着孩子和一大笔赔偿回到了娘家，她的心却一刻也没离开过原来的那个家，有事没事就借机回去转转。直到有一次她在那里碰到了另一个女人,她才惊慌失措地逃走。这时,她才明白:以前的那个家已经不存在了!

她的梦醒了,她一手构筑的精神楼阁塌方了。痛苦从心底里泛起,她的心全乱了。从此,她蓬头垢面,呼天抢地,变本加厉地诉说刘名的"没有良心"。刚开始,人们都很同情珠,觉得她很可怜,没有什么大错,却被丈夫轻易地抛弃了。因为在众人同情的目光和抚慰的语言中获得了支持,她变得越来越喜欢叙述。可是,时间长了,人们听多了,也听厌了,又觉得珠肯定也有问题,否则也不会这样,珠的丈夫看上去也不是个不可理喻的人。但是,珠已经对诉苦有了依赖,那是她唯一的安慰和精神寄托。为了获得人们的同情,为了和人们维持那种说和听的关系,珠购买精致的礼品和时尚的服装,去分送给她周围的那些曾经对她表示同情的朋友。别人因为不好意思,起先还忍住烦躁继续听她诉说,后来几乎所有的人都失去了耐心,他们心不在焉地任她说去,却照旧做着自己的事。珠感觉到别人对她的态度变了,甚觉无趣,同时她却更自卑了。为摆脱这样的状态,她从妆扮上突破,把头发剪得很短,全染成金黄色,穿着时髦的少女装,经常出入娱乐场所,喝酒抽烟,不理家务,无心工作,让孩子"放羊",任孩子在外游荡,自己经常往刘名那里跑。此时的她特别焦灼、躁动,怒火中烧,一片混乱。刘名看到她就逃,把她当作鬼魅。这让她痛苦极了。其时,她还不知道刘名马上就要结婚了。

心理分析　乞怜是因为心理依赖

刘名将要再婚的消息像一个惊雷把珠炸醒，这让她彻底地认输了。她不再扮演可怜的诉苦者，她心里尽想着怎么样才能让刘名难受。有时候，她想："现在刘名不需要我，但是等刘名老了、瘸了、聋了、瞎了、病了，我就会有机会去伺候刘名了。"有时候，她又想："刘名现在这样嫌弃我，假如我死了，刘名会有一点点难受吗？哪怕不是为我，为儿子少了亲妈，也会有一点点在乎吧。"这样想着，她好像感觉自己真死了。对于这一切，刘名一脸茫然，不知所措。也许，刘名后悔了，深深地忏悔，非常痛苦……

珠的生命好像已经不是自己的了，完全被刘名操纵，想到刘名即将和另一个女人结婚，珠一刻也耐不住了，珠去寻找那个女人，去和她谈谈刘名这个人。

那个女人比刘名小12岁，父亲是某大学的校长，时尚、漂亮、干练，看上去也很温婉、善良。珠本想给她些忠告，孰料先自胆怯，什么也没说出来，却听到了她对刘名的很多赞美，知道了她从刘名那里得到了自己渴望了十几年却从没有得到的爱。珠的心被妒火烧得不成形状。珠塌下来了，精神崩溃了，她本能地走向原来的家。那天刘名并没有回避她，回避也没有用，是时候把一切都说清楚了。

"真的就没有机会了吗？真的就这样结束了吗？"珠哭成了

泪人，凄惨地问。

"是的，从你和别人上床的那刻起。"刘名冷静而坚决地说。

刘名对珠摊牌，他曾经请私人侦探跟踪了她一年，调查报告清楚地记录着在那一年中，她曾经和三个男人有染。

"是的，那是你逼我的，你那样冷酷残忍地对待我，我受不了那样的寂寞，我几乎要崩溃了。所以，我曾经放纵自己……"

刘名咬牙切齿地说："就为了这点，我与一千个女人有染也不为过、不解恨！"

珠心里想：刘名可以那样待我，我为何不可以那样？但是她没有说出口，她已经习惯屈从。她又想：刘名调查我，说明刘名还在乎我！这样想着，珠的心里面竟有一丝感动。

可刘名咆哮着说完这些话，转身就走了，把神志混乱的珠留在他们曾经生活过的那个房子里。

我和珠进行了前后四次谈话，经过坦诚而仔细的分析，对她的心理状态基本达成了这样的共识：

珠从小就离开父母，寄养在爷爷奶奶处，而老人之间的关系长期不好。因此，珠一直是被忽视的，这使她养成了无条件服从的习惯，她的自我意识也因此被严重压抑，可以说她是没有"自我"的。这种心理状态使她在成人后也习惯于以"屈从"的方式表达自我的正常欲望，把自己打扮成一个受欺负的可怜者的形象，甚至不惜自我扭曲，以达到自己的目的。当这一切手段都不能见效时，她就产生了自杀性的报复冲动，不惜毁掉自己的生活，也要力图控制对方。这一切都因为她没有自我，难以建立自己的生活，极其依赖他人。

心理解码 可怜者的心理真相

珠沮丧而又茫然地坐在心理咨询室屏风后的沙发上，我问她："你坚持着对他好、为他操心，又不断地找人诉苦，希望得到别人的同情。这其实也是你报复他的手段，对吗？"

珠睁大了眼睛，说道："是吗？也许是的，我不断地纠缠，其实也是为了让他付出代价。"

在他人的眼中，珠是个被欺负的人，而事实上，刘名的痛苦也是很深重的，他的痛苦与珠恰恰相反，不但没有外在的痕迹，甚至连他自己都不知道为什么会如此痛苦。长期以来，他忍受着和一个自己不喜欢的女人在一起的郁闷，他要为自己的"变心"自责，要承受被遗弃的前妻的种种过分的行为，还要接受外人认为他是个负心汉的评价。眼看他就要建立新的生活，可是前妻还是不依不饶，紧追不放……

"是的，我不但在破坏他的名声，还在破坏他的生活，影响他们即将建立的新家庭！"

一切都失尽了，珠一扫平日的委顿，变得亢奋起来。为什么会这样，连她自己都莫名其妙。实际上，长期以来，珠所有的自我扭曲，都只是为了得到他、控制他，一旦得不到了，她的心态就成了另一种状态。

一个没有目标的人在没有依靠的情况下只能聚焦于曾经的伤痛上，那是她仅有的生活体验，也是她的救命稻草。所以无论是否离婚，刘名都是珠生活中的主要内容。她一天不能够独立，就会痛苦一天，在现在的境遇中，她只能够痛苦。

要走出痛苦的深渊，珠还需要学习很多东西：第一，要学习以正常的方式去获得自己应有的权益；第二，要改变把自己看得很低的自卑状态；第三，要改变到处诉苦的习惯；第四，要安排好自己的工作和生活。要想获得刘名的尊重，珠就要先使自己的日常生活正常起来，这样彼此才有正常交往的可能。俗话说"不破不立"，婚姻破碎了，珠的心已经空出来，只要不刻意拒绝，新的生活也就不远了。

为离婚而离婚的忧伤

> 有些人所谓的"怜悯""慈悲""恻隐之心"并非真正对他人的关心与同情,而只是自我哀怜的投射与外化。他们的心理行为有着明显的特点:遇事优柔寡断,左右为难,瞻前顾后,万般不忍……

个案阅读 强迫性的离婚冲动

夏末的一个子夜,我接到了萍的紧急来电,从她细如蚊蝇的声音中,我听出她的沮丧已达临界点。萍从傍晚时分开始草撰一份关于医疗事故的报告,可穷思竭虑几个小时,还是没有思路,她的情绪完全被当前发生的挫折吸引,头脑中全是悲观的联想,时至子夜还泪眼迷离,无法入眠……

萍是某医院的主治医生,经过多年艰苦努力,终于和丈夫解除了婚约。萍离婚了,现在是一个自由人,可以按照自己的心愿去爱、去生活、去创造。然而,连她自己也未曾料到,离婚后的

"快乐"瞬息即逝,"惆怅"却从心底快速地弥漫开来。萍在心里依恋着这个家,认为这样走了的话太对不起前夫。她又一次陷入焦灼中,其程度比以前更甚。在此失衡的心境中,最终还是前夫为她解了围。

萍的前夫是一位实业家,拥有自己的公司。虽然他对萍的古怪、"疙瘩"、任性、矫情"深恶痛绝",但又被她温文尔雅的气质与千娇百媚的风情所折服。虽然他拗不过萍被迫在离婚协议书上签字画押,却仍然留恋与萍在一起的"风风雨雨",心里想多留她一日是一日。因此,在正式离婚以后,他又提出要求:在萍有再婚意向以前,暂住他处,以协助他工作,而在离开以前,不公开他们已离婚的事情。他提出离而不分的理由有三个:一是为了安抚年迈的父母,不让他们烦恼;二是公司正值发展的关键期,夫妻离婚会影响公司业务;三是萍一直是公司的业务顾问,公司的业务离不开萍,要等有人能够接手后,萍才能离开。前夫的这些请求诚恳、迫切、合情合理,萍也觉得离婚对前夫伤害太大,不如暂留这里聊以补偿。因此,萍便接受了前夫的邀请,暂住他处,过着奇怪的"同居生活"。

在外人的眼中,一点也看不出在这个屋檐下早已"物是人非"。从法律的角度来说,他们的关系发生了本质的变化。他们在心里却时时咀嚼着自己种出来的苦果:他们从夫妻变成了同居者,然而,他们都是极其认真的。虽然萍与往日一样为他洗衣煮饭、端茶递水,到了夜晚本质上的区别便显示出来:他们洗漱完毕便各自走进自己的房间，转身拧上门把手。但是萍的心难以平静，她悲伤地问自己："我不知道自己现在是什么东西，是否成了一个怪物？"

萍说，在休闲时间，同事们会津津乐道地扳着指头数落着丈夫如何不体贴、儿女如何不成器。话是这么在说，可是她们的眉宇之间又分明显露出得意与幸福。这种热乎乎的场面使萍联想到自己的状况而令她感到心灰意冷。

偶尔朋友相聚，她们聊的都是大功告成却意犹未尽的遗憾，口里说的是美中不足，语调里听出来的却是炫耀。只有萍一个人的心事无法对人说，她只能"打肿了脸充胖子"，自己的心在哭泣，却得把笑脸给人看。只在别人忘乎所以的空隙，萍才能缄口不语，想心事……

最难缠的要数萍的母亲。她不知女儿已经离婚，还要三天两头来催促女儿快点生个宝宝，以让她了当外婆的心愿。面对母亲热切的期盼，萍有苦难言，只得一味地推诿搪塞，得过且过。可是母亲却不肯罢休，时常到女儿家中，似乎要"耳提面命"才能安心。但是当母亲发现自从自己到来后，萍不去丈夫房间却在母亲的床上过夜后，只得忍着满腹疑虑迅速地离去了。

母亲走了，她以为这样女儿才会更快地生个宝宝。母亲却不知道，女儿早已成了"单身者"。

在留着母亲体温的床上，萍为自己奇怪的处境而感伤，在被窝里大哭一场，恨不得拔腿就走，到一个耳目清净的地方，永远舍弃这令人烦恼的"家",然而她已失去了离开的能量。

当萍再次来找我咨询时,事态已有了转机。公司里的人纷纷议论着前夫有了新欢,且对新欢如何宠爱。

萍说:"我听了这些以后特别不好受,他以前一直声称是爱我的,可是他从没有对我细说过公司的收入情况,我更没敢奢望他驾车送我去哪里。现在他对新欢可是每天亲自迎来送往,还会在工作时间送她外出。最令我不安的是,她现在已执掌了公司的'财政大权',摆出了老板娘的姿态,可我还没有走呀……"

萍向我提问:"我与前夫已没有了法律关系,早已不是夫妻。可是我为什么还会难受?这不是'变态'吧?"

心理分析 无法逃逸的痛苦

萍无法适应这种变化,与他们没有在心理上彻底摆脱婚姻"契约"有关。虽然他们解除了法律上的婚姻关系,然而在生活方式、社会角色及心理习惯上,仍然是以家庭方式相处,所以萍会对前夫有新欢感到非常不适。

但是,新欢的出现正是萍离家的好时机,萍根本没有必要继续忍受这种没有意义的刺激。

但是萍已把自己弄到了无法离家的地步。她如一颗燃尽了能量的恒星，快速地坍缩成黑洞，在以巨大的引力拉拽其他物体时，也不断地消耗着自己的能量。婚约解除了，萍仍留在原来的家里，想象着前夫的种种好处，以做继续滞留在这里的借口。不是萍不想走，是她已失去了行动的能力。

因为萍当时一心一意只想离婚，却又说不出合适的理由，便抱着把什么都放弃的"破釜沉舟"的决心，匆忙地签了离婚协议。如今她真想走了，除了娘家，却别无去处。

萍的心理失去了平衡。前夫的公司也有她的心血，这个家是他们共同操持，可她只能两手空空地离去。前夫似乎从没有想到过这种事情，只知道"纵容"新欢"作威作福"……

当萍一心想毁坏的那个"家"并没有按照她的意愿被解体，而将以新的形式重新运转，却把她真正地淘汰出局时，萍受到了震动。这种震动促使萍反思：为什么自己走到这种地步？在内心深处，自己究竟需要什么？

心理解码　抑郁者的病理性冲突

萍所呈现出来的持久而深刻的进退两难的矛盾，在心理学上被称为"趋避型冲突"。当一个人陷入内在严重的冲突时，他就很难正常工作和生活。这种冲突并非真实存在的矛盾，而只是引发痛苦感觉的"由头"。关键问题是萍的心中已经有着太多的负面情绪。

萍是一颗被太多热量膨胀的恒星,以无法逃逸的引力,拉拽着周围的物体,使自己的负担越来越重,热量越积越多。她的热量便是她的"爱之激情",而激发爱情的动力,则是她想用"爱情"征服一切又破坏一切的愿望。在这种愿望的支撑下,她先成了一个贤淑的妻子,继而又无事由地坚决要求离婚。事实上,萍并非完美无缺的,"追求完美"只是显露出了她不敢正视所欲所求的弱点而已。她害怕自己是一个丑陋的人、一个贪心的人,她怕自己变成这样的女人而被人鄙视、被人所不屑,所以用尽全力来塑造自己的形象。她是一个屈从的抑郁者,一直以成全他人、获得他人的好评作为自我评价的标准。这种需求具有抑郁者的共同特点——强迫性和盲目性,受挫后便产生焦虑与颓丧。无论在需求的表现上如何不相同,但对亲近的渴求、对归属的渴求是相同的。这种渴求源于萍内心深处的不安全感,她的不安全感与她本身的心理特点及她出身于一个功能失调的家庭有关(父母在同室分居了十几年后离婚)。

她表现了屈从的,亲近人的,需要被他人赞扬、肯定的特点,这必然会导致她对自身的真正需求回避、压抑。当这种屈从逐渐变成明显的压抑时,抑郁也形成了。它在心灵深处张开口子,渴望吞噬"猎物",以使自己平衡。萍的离婚不是因为失去了爱(也许她从未有过爱),而仅是对自己屈从的反叛。

离婚了,丈夫有了新欢,萍终于得面对现实。在无处躲避时，她发现了自己的真相：原来她也是一个俗人，也在乎财产、权利，也有不平衡、忌妒。萍终于能正视自己，从现在开始，她开始向着正常的方向努力。经反复商讨，萍决定先搬出前夫的住处，而后根据应有的权利再次协商财产分配等其他问题。萍对自己的行为做了一个彻底的反思，然后做出相应的选择，开始了新的生活。

爱情尊严

爱情是最典型的人道主义，对爱情的态度构建了不同的我们。

个案阅读 被爱情所伤害……

我的学生把我领到了位于某宾馆39层的酒廊，说有一位结婚仅三天就离婚了的小姐想找我咨询。紫光微澜的酒廊内，香气迷蒙，人影绰绰。透过西装革履的绅士与不修边幅的休闲客擦肩而过的间隙，我看见了一位披着亚麻色长发、肤如凝脂的绝色美人坐在吧台边，我的学生对我说："她就是找您的音小姐。"

我的学生离去了，音小姐把我领到了酒廊僻静的角落，她默默地坐着，静静地看着我。随后，她缓缓地从粉色的小包里取出烟，点燃后夹在细长的指间。从她微微颤抖的指尖与有些湿润的眼睛，我知道她现在的情绪很激动。她真的非常漂亮，连她说话的样子也楚楚动人。

音原来是外企的英文翻译，一进公司她就暗下决心，要做一个最好的员工,以证明自己的价值。但是她失望了,无论她怎么努力,都难以引起他人的注意,她难以想象自己得熬到什么时候才能出头。在一次与上司争执之后,音一跺脚,便离开公司,一路南下,在南方的一个繁华城市暂时栖身。在这个躁动的、充满欲望的城市,那些宾馆、酒吧闪烁着诡秘的光彩,似乎时时在召唤她。

日日夜夜,男男女女,杯觥交错,人声鼎沸。其实这些声色犬马的场所并不能令音兴奋,她所受的教育使她对这一切怀有戒心,但音最终没能抵挡住诱惑,还是投身其中,成了酒吧的领班。

音的美艳令人心悸,使得酒吧宾客如云,但音坚守洁身自好的底线,不肯越雷池一步。然而,她的固执,她满不在乎的、漠然又带着些迷惘的微笑,却令人着魔。惊鸿一瞥,音的容貌便在一位中东富商的心中生了根。为了亲近自己膜拜的女神,他夜夜来此,想用金钱与诚意催开这朵暮春的花蕾。

音是个性情刚烈的女人,却为他的深情感动,在这样的场合、这样的工作圈,与一位爱自己的先生同居并没有什么不好。虽然她没有明显的爱的感觉,但至少可以保护自己免受伤害。当梦想变成了事实,这着实给了中东富商大大的惊喜,他对音自然是百般疼爱、倍加珍惜。他为音准备好了豪宅和所有精致的生活起居用品。音并不很在乎他的钱,以举重若轻的态度满足着自己的物欲,却又藐视着他的财富。骄傲的音在体面的环境中时常被自尊的鞭子抽打得一阵阵痛。她觉得自己在无可奈何地滑落，滑向黄金打造的笼子里，成了一个披着金羽衣的囚徒。音白日里还去酒吧做领班，晚上就栖身在了他的家。表面上看去一派居家气氛，但音心里明白，他们既不是夫妻，也非情侣，只是协议关系——那是男人与女人的身体协议。虽然如此，她仍然很礼貌，明白自己该如何行事。她总是把自己装扮得漂漂亮亮的，用令人心醉的微笑面对那位爱她的先生，神情像一头纯洁的绵羊或温顺的小白兔。偶尔，她会对整装待发的他说："遇见女人，对她好些，千万别欺骗她说你爱她，她也是很苦、很不容易的……"说着，音会俏皮地从抽屉里拿出一沓钱放进他的衣袋里，补上一句说："别亏待了她！"

那位先生又惊又怕地被洞穿了心事，诚惶诚恐地揣摩着音的心思。有时他几乎被弄糊涂了，不知道音的心里到底是怎么想的。

音看上去是那样善解人意，她在满不在乎之中把对方拿捏得恰到好处。她好似天生就能适应男人，把一切处理得妥妥帖帖。她既然如此，那位先生又何乐而不为呢。

这样的协议关系原是毫无道德约束，更谈不上责任和承诺，该是自由又轻松的，但是那位先生的变化日益明显，他外出的次数越来越少，即便出门应酬，也常把音带着，不让她独自闲在家中。夏季快结束时，音听到了从他口中说出的意想不到的话："音，嫁给我吧，我要娶你，让我们永不分离……"因为太意外了，所以音有些不敢相信。再看他，笨嘴拙舌地说着夹生的粤语，拿着手绢不时地擦着额角的汗，眼睛却闪着光。音感到困惑："这是做梦吗？"

在婚前的那几天，音一反常态变得坐卧不安，满不在乎的微笑消失了，她显示出了焦虑与不安的状态。音想："我们再也不是临时夫妻，他将成为自己的老公，他会不会再去找别的女人呢？"

对于未来的忧虑抵不过眼前这所有一切对音的诱惑，他们终于结婚了。婚后第二天，音飞回故乡告诉父母这桩婚姻的消息，她没有为新郎不能同去而有情绪，因为她打算过几天就飞回爱巢。

看见只在娘家住了一晚的音回家了，音的先生喜不自胜。他取出精致的首饰盒，在新娘的手指上套上了美轮美奂的南非钻戒。音却显得神不守舍，若有所思，趁先生离开卧室时，急切地打开床头柜的抽屉，看了一下以后，音的脸色变了……

"你昨晚干了什么？"

刚转进屋来的新郎，被音的模样吓了一跳，他惊诧万分地问道："我怎么啦？"

"你心里有数，我数过了，安全套少了一只……"

新郎更奇怪了："你为什么要这么对我呢？就因为我们关系转变了吗？我们结婚了，你应该比原来更快乐，你更信任我才对呀！"

但是音没有办法信任他，他是那样一个风流成性的男人。"你难道让我做掩耳盗铃的傻瓜吗？我是认真的，因为现在我是你的妻子，你必须承诺对我忠贞。"

"你凭什么怀疑我？难道就为了这个东西吗？"音的先生翻开枕头，让音看包装完好的安全套。"我想你今晚可能会回家，让它在这里等候你呢！"音的先生戏谑地说。

为这大煞风景的插曲，音啼笑皆非，这一切似乎是太可笑了。音的先生又说："我们刚结婚，你就来这么一手。往后会怎么样，我不敢想象了。"

"请你理解我的心情，你原来是一个'花花公子'……"

音的先生忍不住了，冷着脸说："你又是什么东西？不过是个酒吧的领班……"

音震怒了，即使结婚了，但在他心里，音仍被瞧不起！他的这句话把他的心思暴露出来了。

音跃身而起，褪下身上所有的饰品与华贵的服装，换上原来的行装，分文不取，冲出豪宅，头也不回地奔向故乡，只留下情殇的创口与对往事喜忧参半的回味……

心理分析 从情人到夫妻的心理差异

在一起生活已经习惯，彼此之间相处已无问题，音现在只需要在心理上转变一下角色即可。音最终还是相信了爱的真实性，并抓住时机，与富豪重新订了协议，这次是婚姻的协议，而非暂时的同居。

音能够在逻辑上清晰地意识到角色的转变，但是她的心理习惯常操纵着她的行为，并干扰着她的意识。在内心深处，她对这桩婚姻其实是深深地怀疑和顾虑的。

正因为有这样的不自信，音才会如此设局，以探真伪。结果，她先生的行为是忠诚的，但是他心里对音的藐视昭然若揭。婚后的他，身体还是忠诚的，心里的轻视已掩饰不住，裂痕已经出现，再相处也是伤害。伤害是因为期待，期待是因为身份的转变。一个小小的测试便打破了一座虚拟的爱情宫殿，音的心里没有了退路，她只能打碎这虚幻的爱情童话。

三天的婚姻在音心头打了个解不开的结，她现在仍做领班，却再也不思婚嫁。姐妹们都说她傻得可以，输人输钱又输情。

音却不这样想，她并不很在乎钱，可不解自己为何会把事情闹到那种地步。"我这是爱他吗？要说爱，为什么我说走就走，没有牵挂呢？要说不爱，我又为什么如此在乎他的言语伤害，不依不饶呢？我为什么会这样呢？当初难道没有更好的方法来挽回那段婚姻吗？"想到这件事，音的心就像被刀绞似的痛。

心理解码 自卑使她逃避幸福

音看似很独立、很骄傲，但实质上她的依赖性很强，她只是向往追求独立而已。她当翻译时曾经很在意别人的关注，依赖别人的评价。得不到好评，她便不惜做酒吧领班。在音的潜意识里，她对自己的行为是不认同和诋毁的。这使她在结婚后，不能接受自己可能得到的幸福，不能理直气壮地接纳自己。她布下"疑心阵"便是因为她的潜意识里埋藏着不相信自己可能获得快乐和幸福的因素。究竟是什么理念导致她如此惧怕幸福，拒绝快乐呢？概括起来说，这是内心深处传统的道德观念对自己行为的否定而产生的心理冲突的结果。对于自己可能获得的幸福，她是不自信的，这体现在当她同居时还能够比较坦然，而当她成了女主人时，她便惶惶不安，似有大祸临头，她最后表现出来的试探、窥测、控制心态，其实也是对自己的行为持否定态度的表现。当然，由于角色转变得太突然，她一下子转不过弯，也是可以理解的。同样的人，同样的情境，身份突然改变，确实很容易使人陷入怀疑之中。这三天婚姻的破碎虽有其心理和性格上的逻辑性，却并非必破无疑。假如音能够更放松些，不要太执着于身份、财富、地位的悬殊，更心平气和些，不急于采取如此激烈的行为，也许他们可以共度一段好时光。事实上，音是拥有正常婚姻的权利的，她并没有做错什么。

离婚的时机

> 这是一个失败的"实用式婚恋"的案例。实用式婚恋的特征是将爱、婚姻、恋爱仅视为生活之应有，但求满足彼此的现实需求，而忽视精神、心理的需求，并缺乏对理想的追求。

个案阅读 为了生存的婚姻

走出单位的大门，卓棋站在街边踌躇不决，今天去哪里过夜呢？她感觉很累，最后决定去附近的二姐家。卓棋在两个月前离婚了，这一场拖了10多年的拉锯战终于有了结果。离了婚，卓棋却仍然很焦虑，她牵挂着与房子一起被判给前夫的儿子。加上因来不及购房，在兄弟姐妹家轮流寄宿"打游击"，卓棋的心情因此糟透了。

卓棋在街边吃了一碗拉面做晚餐，又胡乱逛了一会儿街。当她到达二姐家时，天已黑了。她还没来得及推门，就发现暗处闪出一个身影。卓棋仔细一看，那竟是自己的儿子，只见他蓬头垢面、衣服凌乱、脖子上还有抓破的血痕。卓棋惊恐得张大了嘴，发不出声。儿子说："妈，我又和爸'干仗'了……我想见你，就跑这里来等等看……"儿子露出了欣慰的笑意，卓棋再也忍不住自己的悲痛，一把搂住了儿子，泪如雨下，却又憋着不让自己哭出声来，生怕这会令二姐的邻居耻笑……那一刻，卓棋觉得自己强撑着的那点精神涣散了，她失去了直面不幸人生的勇气。卓棋的精神、心理陷入一片混乱之中。

卓棋婚姻破碎的根源，还得从当年结婚的动机说起。20多年前，在上海长大的卓棋是外地医院的医生，当时的工作调动是很困难的，想要调到上海工作更是难上加难。卓棋的工作环境还算可以，她却不想在当地结婚生子，因为她根本不敢想象生个孩子长期在外地安家的景象。卓棋的父母着急地为卓棋在上海找了一个叫龙的壮实、憨厚、长相平平的男人，很努力地撮合他们结婚。在当时，人们非常重视大城市的户口和生活的稳定，卓棋在外地工作，只能由父母为她挑选合适的对象。秀外慧中的卓棋和龙这样的"憨夫"在大体上还是合适的。在当时，温饱与安定是婚姻的基本要素，浪漫与爱情是奢侈品。所以尽管这两人在各方面相差较大，最终还是被"撮合"成了夫妻。很久之后还被卓棋的家人朋友传为笑谈的是，在结婚的那天，龙兴冲冲地撞进卓棋家客厅迎亲时，卓棋竟然别转身，以手掩面连连说道："哇，丑死了，我不去了，我不去了……"卓棋后来说道："看见他梳得油光锃亮的头发与他兴奋得手脚无措的模样，我心中涌出的竟是一阵讨厌的心绪……"这个婚姻从一开始就埋下了隐患。

他们的不和谐其实是情有可原的：卓棋的父母是知识分子，卓棋从小浸润在诗书琴棋之中，兄弟姐妹中多人从事文艺工作，她耳濡目染，从小多才多艺。卓棋长得端庄秀丽，颇具灵气，她是家中的小妹妹，不习家务，备受呵护，自然天生丽质。龙却正好相反，他在弄堂里搭建的平房中长大，家中兄弟姐妹靠父母微薄的工资生活，小兄弟们会为多吃一口饭而"打仗"。生活的艰辛令龙的父母很强悍，使孩子们充满欲望。当龙娶了貌如天仙的卓棋，尽管卓棋是在外地工作，但也使龙的家人欣喜若狂、激动不已。龙的全家对龙娶回的有大家风采的卓棋都特别重视、厚待。虽然如此，令人十分遗憾的是，卓棋在心理上和生活习惯上无法适应这样的家庭。他们的热情反而令她不适应甚至难堪。

婚后不久，卓棋回到上海。偶尔去一次婆家，她会觉得分外寂寞。然而，当儿子出生后，她便对这份婚姻失望了，而不仅是"寂寞"。当儿子百天，卓棋夫妇推着婴儿车去卓棋父母家时，一块手绢从卓棋的手里不小心落下来，盖在孩子的脸上了。龙即刻在街上吹胡子瞪眼地斥责，卓棋嫌他小题大做，说他太不文明，谁料龙火气更大，毫不留情地当街踹了卓棋一脚，直踹得卓棋蹲在地上直不起身。这一脚踹进了卓棋的心窝里，使她明白了这桩婚姻的荒谬与牵强，她的心里产生了离婚的念头。但是，在当时，这又是何等艰难之事。

心理分析 欲去还留的遗憾

为了怀中的儿子，卓棋暂且掩埋了心中离婚的念头。儿子入学后，由于对子女教育培养的不同观念与方式，卓棋夫妇又经常争吵。经过10多年的冷战、热战，卓棋的脾气变得暴躁，温柔美丽变成多愁善感。每当她看见龙连着几小时拿腔作调地训斥儿子，而儿子则像老鼠见猫似的畏畏缩缩，怒气便油然而生。每当龙因儿子学习成绩不好体罚儿子时，卓棋恨不能冲上去与他打架。"离婚"成了卓棋的口头禅，这一开始很管用，龙还会冷静下来，他是绝不愿意离婚的，加之儿子在两边相劝，卓棋在极度的痛苦矛盾中，终于还是暂时放弃了离婚的念头。终于，熬到儿子进了中学，卓棋觉得可以打理自己的生活而没有后顾之忧了。此时的她像一个从战场退下的士兵，离开生死相拼的战场，心情宽松些了，却觉浑身疲倦无力，精神似乎崩溃。经检查，她的身体和心理状态都不好，需要治疗调养。卓棋心里很明白，这就是失衡婚姻的结果。她知道自己又到了悬崖边，面临人生最后一次的选择：是苟且下去，还是独立出去过清心的日子。眼看她就要跨出这一步了，但是那些病历与一大堆药留住了她，她终因害怕拖着病体孤苦地迈入中老年，而在最后放弃了离婚的打算。她以为婚姻的离散全是由她决定的，因此安于自己"凑合"下去的决定，殊不知一直被她小看的龙对她的心态一目了然，并有自己的打算。一俟卓棋安下心来，龙开口了："孩子大了，是分手的时候了，我现在就可以成全你从刚结婚时就有的离婚念头……"

心理解码 婚姻中不能承受之重

　　太意外了！卓棋不会拖着不离婚，却不料龙有这么一招，她羞愤慌乱之余，什么都不顾了，只想早日离家。房子是龙单位分的，孩子要跟着房子，家中本没有什么值钱的东西，她带着替换衣服离开了她本不该来的地方，在亲朋好友处寄宿、栖身、流浪……

　　这桩婚姻的破裂是必然的，因为它缺乏构成婚姻的基本要素。婚姻是两人情感互动的过程与结果，是人的精神、心理、生理、社会意义等多方面因素的综合体现。这些基本因素平衡得好的就会出现人们期望的和谐、快乐的婚姻，反之便造成偏差或倾斜。就卓棋与龙的关系，我们可以发现，他们的婚姻在基本要素上是不具备的。

　　首先，在心理、精神上，他们大异其趣。自幼生活环境的不同，使他们在生活方式、伦理观念、个人趣味上都相去太远，远得几乎失去了对话的可能。中国有两个成语——惺惺相惜和刚柔相济，前者指才智相当的人会彼此欣赏，后者指两种不同的性情却能互相配合。但是"才智"与"性情"和"情趣"与"观念"是有本质区别的，前者带有更多的客观性，后者却是个人的主观感受，所以，性格、能力不同者可以互补，观念、情趣、理想不同者却很难相处，那些终生都难以充分沟通、获得真正亲密关系的夫妻，基本上都属于后者。

其次，由于婚后分居，年轻的夫妇经常处于性饥渴状态，这也是他们关系恶化、沟通困难的原因之一。长期的性饥渴会造成心情抑郁、性情狂躁、身体疲惫、意志消沉，甚至产生绝望感。性是人之本能，严重的性失调不但会造成性情问题，还可能诉诸表象，如精神委顿、举止猥琐、愁眉苦脸、焦虑不安。反之，容光焕发、神采飞扬、开朗乐观者，往往都处于良好的婚姻状态中。

当他们身体相近时，心灵却隔远了，曾经被距离掩盖的差异在每天的生活里显露无遗。正是这种身心因素的反差使他们不能相互接纳，心理距离越来越远，让他们变得更加心烦意乱，这造成了卓棋那种渴极生怨的"怨妇心态"。她需要龙的身体，却排斥他的精神，在一起的时候虽放松了身体，却觉得亵渎了精神，他们难以获得真正的愉悦，并因此在床上相安无事，下床后反目成仇，甚觉窝囊。

不和谐的、令人痛苦的婚姻是不人道的，拖得越久，身心损失越大，尤其是对于女性。卓棋的身心状态就是长期拖累的结果。失败的婚姻对孩子的伤害并不在于父母是否离婚，而取决于父母对婚姻的态度、如何解决婚姻问题。卓棋夫妇这样的长期矛盾使孩子左右为难、无所适从，从害怕、恐惧，到习惯、麻木，最后导致他注重自我保护，淡化了父母亲情。当一个孩子的基本

（心理）安全受到威胁时，我们还能要求他什么？他这样的心态是可以理解的。

卓棋面临的是一个无可挽回的破碎婚姻，她早该解决了。什么时候才是离婚的最佳时机呢？不是一般的怒和恨的时候，而是冷漠到无动于衷的时候。怒是"怒其不争"，恨是"恨铁不成钢"，愤怒和仇恨证明还有期待。冷漠到无动于衷，彻底麻木了，婚姻的基础也就崩溃了。卓棋的悲剧在于她错失了离婚的最佳时机，使自己陷入了被动。若在此之前的两次时机中选择任何一次离婚，她的境况都会比目前更好些。破碎婚姻的拖延，只能使女性的优势日渐减少，对其心理伤害更加严重。有人习惯沦陷于痛苦中，把瑕疵当图案欣赏，而这种畏缩、依赖只能使病态婚姻更加沉重，对人的伤害更加严重，它使人放弃了追求快乐的可能性与获得亲密爱情的权利，而陷入持久的痛苦之中。

与其忍受无望的婚姻，不如挺身独立，只有忍受独立的阵痛，才有重建生活的可能。

抑郁的离婚者

> 吸引他们的不是爱情,而是对爱情的渴望。对爱情怀有希望的人是有希望的,尽管他们只是以为在爱。

个案阅读 犹豫的爱者

梦侠已经29岁了,是证券交易所的一个"独立佳人",不是她不想爱,而总是感觉不到有谁可以让自己心动。春天的时候,她认识了丁华,他是医院里的一个主任。那时,他刚离婚,沮丧而落魄,不愿正眼瞧人。也许是梦侠孤寂太久了,也许是他们之间有着太多的默契:一个是满怀春情无以倾注;另一个是刚出围城,自由了,却更迷惘。他们之间关系以无法想象的速度迅速推进。

梦侠正准备买一套小户型的房子,想把自己安顿得好一点。丁华拿出了自己的积蓄,说是合起来可以买大些的房子,做个长远打算。

眼看自己是越陷越深了,梦侠准备让他交底,这事将怎么定局。有诚意想一起过日子,那他得决定什么时候见梦侠的父母而不是像现在这样不明不白。然而要让丁华给个确切的答案是不可能的,而要梦侠急流勇退也是很难的,于是梦侠来找我。

梦侠是回沪知青子女,靠着自己的努力在公司当办公室副主任。她告诉我一些关于丁华的具体情况:他生活中处处不顺心,当然更主要的是和离婚有关;他收入颇丰,可是工作让他厌烦;他与妻子相恋八年,结婚四年,共同度过了艰苦的日子,经济上明显开始好转时,他忽然失去了爱的感觉;好不容易离了婚,他的心情并没有好转,反而越来越烦闷、焦虑;他自己也说挑不出前妻多少毛病,觉得她可以算是个好女人,可是不明白为什么自己会如此厌烦她,因为无爱的婚姻实在太磨人了,他提出了离婚……

两个月又过去了,但丁华就是不谈结婚的事情。"你究竟打算怎么样呢?"梦侠再也忍不住了。

"请再给我一些时间,我会给你一个交代。"丁华似乎胸有成竹。

同居在新房,梦侠感觉自己越来越依赖他了,他的感觉也越来越好,只是仍然回避结婚的话题。梦侠像妻子似的在他们的新居安排饮食起居,把丁华的一切料理得井井有条。可是每逢周末丁华都会去原来的家,那里刮风下雨、风吹草动都会牵着他的心。他惦记自己的儿子就罢了,还常常和前妻通话,那种关怀备至的感觉根本不像离婚的夫妻。梦侠的感觉糟透了,她提出最后通牒：无论结婚还是不结婚，都希望丁华尽早做个决断，再这样不明不白，她将重新考虑他们之间的关系。

当梦侠再来的时候，我建议她回去和丁华讨论这样一些问题：

他究竟为什么离婚，是妻子出了问题，还是他自己失去了爱的能力？

他为什么不想结婚，是对自己没有信心，还是对梦侠没有信心？

假如结婚，他将以什么来维系婚姻而不会像前次那样没有理由地逃避？

他害怕结婚吗，为什么？

生活中还有什么是令他感到害怕的？现实中有什么是他不堪忍受的？

按照我建议的问题路径，梦侠和他坦诚交流。丁华坦述：他是害怕结婚的，到现在为止，丁华和他前妻离婚还处于保密阶段，他们的父母家人、亲朋好友无一知晓。虽然已经离婚，但是他被内疚感折磨，他感觉自己对不起前妻，感觉自己像个无耻的贼，利用前妻的宽容，严重地伤害她。他知道前妻是因为爱自己才给自己"解放证书"的……他觉得自己一无是处。除此以外，他还有很多害怕的事情：他害怕看见前妻的忧伤；他害怕看见梦侠的委屈；他害怕看见儿子对自己的依赖……而现在他最想做的事是离这一切都远远的，一个人躲起来独居！

心理分析 冲突者的心理

通过这次谈话，梦侠的焦虑更严重了，她被这种进退两难的感情深深地困扰着，对这样的爱越来越没有信心。梦侠说，他们在一起六个月时，丁华曾有分手之意，他对自己爱的能力没有信心。梦侠当时非常痛苦，死去活来三个月后，好不容易挣扎着恢复了。没想到他又回来了，说他自己实难割舍这份爱情，与其痛苦地分手，不如悲壮地爱一回！他希望梦侠再给他一个机会。梦侠刚好起来的伤口又绽开了，失而复得的恋情给了她更大的诱惑，心里又燃起希望。但是，她现在真正感觉累了，她的信心在迅速溃散。

这段时间里，梦侠和丁华的前妻有接触，感觉到丁华前妻的痛苦，梦侠建议她来找我。但是丁华的前妻不想来，只是给我发了封邮件：

我现在给你写信，也不知今夜我应该是什么心情。我知道自己的适应能力，但是我也有两面性。我对感情的需求量很大，当他告诉我他决定离开我时，我的内心真的非常失落。我没有对任何一个人说过这件事，因为我想独自承担痛苦，不想给亲人增添烦恼，可我心里的痛苦和压抑无处释放……

他说自己不知道如何面对当前的情境，我觉得他似有反悔之意。我想，假如他决定回来，我希望能和他一起把爱的感觉找回来……也许我能站起来重新面对，疗伤的时间也不会很长。事情正在向好的地方发展，他问候的电话多了起来，每周两次回家看儿子，对我们的生活也很关心，我的信心似乎又回来了。至于他究竟想怎么样，要由他自己决定了……

通过和梦侠的多次谈话以及丁华前妻的邮件，我更加确信丁华是一个优柔寡断、举棋不定、经常陷入心理冲突的人，他的离婚其实是逃避。然而，等和梦侠在一起后，他的冲突更严重了。他其实是依赖前妻、依赖家庭的，然而因为自己心理上的困扰，当他和妻子在一起时，他觉得索然无味。因此，他选择逃避，但和梦侠相处时，他又对前妻怀着愧疚……无论做什么，他的能量和精力都被内心两种相反的力量消解掉了，这种状态是病理人格。处于这种状态中的人是极其郁闷、痛苦的，而这种状态常常是过分压抑和逃避现实的结果。丁华为什么会是这样子？他有什么意外的经历和难言之隐，这是我们需要破译的密码。

心理解码 被什么吸引？

吸引他们的不是爱情，而是对爱情的渴望。对爱情怀有希望的人是有希望的，尽管他们只是以为在爱。

通过梦侠的转述，我知道丁华工作多年，自认为很努力，可是后来者都升职了，只有他维持原状，这好比逆水行舟，不进则退。从恋爱到结婚,他都是家中无可挑剔的公认的"新好男人",这除了使他厌烦外没有别的感觉,但是他不得不做模范丈夫,他不敢让所有的人失望。还有令他最难忘的是,当年他作为优秀学生干部,是有很大希望被清华大学录取的,但因为高考失利,只读了普通的医科大学!时隔多年,这件事情依然让他心有余悸,他甚至记不起自己当时是怎样熬过来的。

丁华确实是有一些令人不快的事,可是又有几个人的人生是没有任何波折的呢?值得我们探究的是丁华在心理上是怎样处理这些困难的。面对和处理困境的方式不同,常常会造成完全不同的心理状态和人生境遇。丁华对待这些挫折的办法是把自己所有的失利全部投射到外部世界和他人身上,认为是世道不公才使自己怀才不遇,同时他又委屈自己,想在各方面做得更好,以博得他人的好感。丁华的这种处事态度必然会造成他现在的心境:情绪长期低落;人格两极分化;时而骄傲,时而自卑,时而逆反,时而屈从。他始终不能找到合适的心理平衡,不能抚平自己的心态,情绪在两个极端状态中纠结。由于他的心理长期不能平衡,当负面情绪积累到一定程度,便产生了破坏作用。

丁华可算是个聪明人,他的弱点是缺乏最后冲刺的胆略,当机会来临时,他总是没有准备好。比如离婚、结婚,比如当年高考,他似乎总被什么东西暗示着,自己不可能获得想要的东西。我认为他的压抑与他的过于低调和在意失败暗示有关,甚至他的盲目离婚和反悔、再婚的犹豫和顾虑都和这样的心理特点有关。

他具有抑郁症倾向，离婚和恋爱的反常表现只是他抑郁心态的反映，抑郁是其病根，所有的事件和冲突都是表象，都是他内心冲突和困顿、沮丧和抑郁在外部世界的投射。

在某种意义上，梦侠其实只是丁华引爆积郁的工具，是投射歉疚感的替代物。事实上，他们在主观上对这份爱情都怀有戒心，都没有全身心地投入。

在和丁华的相处过程中，梦侠明知他是不彻底的、有风险的，他很难摆脱往事的阴影，但她还是选择了爱他，为他做"保姆"，等待他全部投入。这里面隐含着梦侠的受虐倾向，她期望这样的受苦可以使爱情更美好。

貌似独立的梦侠其实在爱情上是很依赖的，她是可以甩手离去的，但是她依赖这样具有刺激性的、有风险的爱情，她希望通过这样的冒险来肯定自己，然而她注定是个输家，因为她是个追求挫折感的女性。

半个月后，我又接到梦侠的电话，她唏嘘着说："他终于还是走了，也许这样的结果对我来说是最好的……"说这样的话，可见她的心灰意冷。她向我描述了最后的心情：最后该做的就是结算他们为了结婚共同购买的房子。婚是结不成了，但是人要住下去，她给他写了借条，说是等以后有了钱一并还他。看着他把借条揣进兜里，她感觉自己要晕过去了，不是为了债务，而是因为关系的变化——他们由情人变成了债务债权人！

婚外篇

人类文明史上重要的一页是倡导和实行婚姻上的一夫一妻制。其本质原因是为了确保血脉的纯正，以及私有财产的继承。在某种意义上，男权的兴起以及对女性的制约，在其本质上是对后代血脉、血缘的计较。对于男性，子女是否为他的血脉，无论是对他还是家族，关系都非常重大。除了关系财产、地位，还直接关系到自己生命延续的大事。所以血脉纯正是古代男性的头等大事，延伸出来的就是对女性的妇德、贞操的极端追求和控制。这样，我们就能够理解，为何女主内、男主外的封建社会的传统之牢固。

当然，妻妾越多，子孙越多，所以达官贵人、财大气粗者妻妾越多越体面，究其实质便是追求子孙满堂。时至今日，婚外恋、婚外性已非为了孩子，可是男性性开放的本能却延续了下来。如今的外遇，已经不仅仅为了子嗣，而是为了利益、为了情感、为了综合需求。

外遇是一种现象，如何理解、如何面对、如何悬崖勒马，当是外遇者和外遇者家属必须面对的现实。

究竟谁是"入侵者"?

> 冲突的出现表明一个人与自己、与他人的关系发生了紊乱和失调。冲突的根源在于人所处的社会文化状态与他的生活社会性密切相关,而不是生物性与动物性。
>
> 解决冲突的方法应该是立足于内心相互作用的各种因素,使受困扰的人认识并改善与自己、与他人的关系。

个案阅读 在两个男人间游走

他40多岁了,白衬衣、红领带、黑西服的搭配让我感觉到他是一个心情压抑的人。人们常在无意间以反差强烈、突兀跳跃的色彩,来表达自己的困扰情绪与渴望。

他自称欣先生,是个生意人,有一家小型的印刷厂,还有一家中型酒楼,经济上比较宽裕,但个人生活乱成一团。他说:"那个女人骗了我八年。八年来,她一直说要嫁给我,却拖了一年又一年。我恨她,可是又离不开她……"欣先生用手抓着乱蓬蓬的头发,无奈之情溢于言表。从他没头没脑的怨言可以看出,他的心理困扰时日已久，且情况复杂。

欣先生年轻时便在某市场边上开了家餐馆谋生。在本该恋爱结婚的年纪，他无暇顾及感情而把全部精力投入了生意。当他的生意兴旺，餐馆变成了酒楼后，他才感到孤独，分外渴望女人的温情。他不是个风流汉，更不屑于"玩情调"之类的作为，一时也没找到合适的人选为妻。欣先生把多余的钱投资了印刷厂，虽无大盈利，收入却也稳中有升。欣先生准备把主要精力投入印刷厂，便欲找一个合适的人选当酒店的经理。在众多的应聘者中，欣先生一见那名叫小娟的女子便觉得她面善，简单交流后，知道她曾当过酒楼的领班，便决定聘她为酒楼的经理。

小娟是那种典型的上海小家碧玉，饱满、窈窕、活泼，笑起来露出两排整洁、干净的牙齿，人像夏末金黄色的雏菊，让人满目热闹又觉得安慰。欣先生选择她是很自然的事。

小娟是个可人的少妇，勤勉、自律。她言语不多，却把酒楼打点得井井有条。比之其他经理，小娟又多做了一件事，每天亲自烧几个小菜，犒劳她的老板。她知道欣先生无家无室、无父母无姐妹，是一个真正的独身者，精心地照顾他的饮食既是她女人的天性，也是对欣先生录用她的报答。每当用餐时，小娟都离得远远的，尽量不去打扰。欣先生一人对着美酒佳肴却难免倍感失落。他邀小娟入座，不能算作"陪酒"，只当是"餐桌会议"，聊聊酒楼的工作事宜。

谁也没有刻意地安排，然而，欣先生看着美酒佳肴和水灵灵的女人又怎能不生波澜？小娟是个谨慎的、自律的女人，怀着对欣先生的感激，又怎禁得住对他忧郁、焦虑、沮丧、沉闷情怀的牵挂……酒意微澜，喜欢、感激、渴望渐渐地交织一起，把他们俩扯入了情天欲海，同时也把他们拽上了情感的不归路。小娟心甘情愿地侍奉着欣先生，为他做饭、洗衣，为他铺床、叠被、更衣，为他操持生意、管理店铺。这种生活，不是家庭胜似家庭，不是夫妻胜似夫妇。他们日复一日地过着，忘记了外部世界，忘记了小娟原本的那个家。过了40岁，欣先生想要孩子了，但小娟不可能为他生育，因为她是别人的妻子。欣先生要小娟离婚，小娟也曾真的想离婚，可是她扔不下老实巴交的丈夫，还有像丈夫一样老实憨厚的儿子。当年小娟来应聘时，正值丈夫也被辞退。小娟应聘后没日没夜地在外工作，丈夫在家又当爹又当妈带着儿子，并兼着保安的工作。他的收入很低，靠小娟的薪水居家过日子，不知他对小娟的情感与身体的变化是否有感觉，但他从不吭声，默默地为妻儿做着他所能做的一切。他越是这样，小娟越是难受，她对丈夫怀着深深的歉疚。但回到酒楼，小娟又习惯性地去操持那个虽无名分却是实实在在的"家"。小娟万般不忍抛夫弃子，却也实难割舍这份工作、这份薪水及与欣先生的关系。于是，小娟是经常生活在冲突与矛盾之中。

欣先生的心也变了，他早已没有了"第三者"的内疚感。相反，看见娟回到丈夫身边，他的心里升起了一天浓似一天的妒意。最后，他提出："你再不离婚，我可要另娶妻子了。"欣先生真的去相亲了,然而总是横竖左右相不中,总算有一位令他有了些"感觉"的对象,多交往了几次。但是,小娟又不平衡了,每到关键时刻,小娟就会出现在他们面前或给欣先生打电话。这让那个女人十分困惑:"她是你的什么人?"他们的关系本来就勉强,经小娟一搅和,很快就分手了。欣先生责怪小娟从中作梗,小娟红着眼说自己不是故意的,不知不觉地就妨碍了他。也许是心里不好受,小娟为责罚自己对欣先生说:"再过一阵我就离婚,正式地嫁给你……"

欣先生对我说:"就这样来来回回地折腾,现在我老了,她的钱也挣够了,离婚的事提也不提。我想与她分手,可我酒楼的经营离不开她,我吃饭也离不开她,我已习惯了她的厨艺……可是,我能一直这样生活吗?我连孩子也没有,她坑了我,她侵犯了我正常生活的权利。我很困惑,不知以后该如何生活……"

心理分析　彼此都是"入侵者"

也许欣先生是值得同情的,当然小娟的行为也可以被理解。然而,他们其实是可以生活得更合理一些的。他们为什么会陷入如此困境?我们又该如何看待这些问题?他们该如何解决自己的问题呢?在探讨这些问题前,我们先要明白,究竟谁是"入侵者"。

欣先生认为是小娟不守承诺骗了他，侵犯了他的利益，是因为他站在自己利益的立场，站在自己的物理空间立场，才认为小娟是"入侵者"。假如我们撇开地理位置，以伦理或者法律的原则解释，欣先生才是法定意义上的"入侵者"，是他介入了小娟夫妇的婚姻，造成了"一妻二夫"的情况。他们关系发展至此是多种因素综合导致的结果。这种没有协议的默契是建立在双方物质和精神一定的需求上的。然而，经过长时间相处后，物质需求仍然存在，但是精神需求提升了，并已经到了严重冲突的状态。他们之间原来的心理、情感、经济利益已经在各方面相悖，平衡被打破了，问题也就呈现出来了。他们先是因职业关系而相识，欣先生因为小娟是个可爱的女人而录用她，小娟因为被重用而心怀感激。被感激而激发的热情遇上因为欣先生的殷勤而滋生的喜欢，双方在心理上因日复一日地接触而留下深刻印象。与感情同步发展的是双方的经济利益，小娟努力工作为双方赢利。关键在于欣先生对这种关系有了依赖，他想娶小娟，而小娟不能再嫁，于是裂痕产生了。

心理解码 两性关系中的情与法

欣先生的信任与重用使得这种双赢得以持续。多年以来，他们一个爱字也没有说出过，但在酒楼经营、生活起居、心理情感上,他们相得益彰,达成了很深的默契,因此得以相安无事。但是,当经济不成为生活的问题时,心理情感的需要便呈现出来。随着时间的流逝,欣先生已不满足于"第二丈夫"的现状,他希望能娶小娟为妻。当他提出这种要求时,以往生活模式的平衡被彻底打破了,他们必须面对现状做出合适的选择。然而,直至此时,隐藏的扭曲与苟且也才被揭开了痂盖,他们多年来过的其实是异化的日子。

我们是有着多种身份与角色的人,其中最重要的是法律赋予的权利与身份,道德感、价值观皆由于法律的界定而产生。欣先生与小娟的生存状态虽满足了部分物质与感情需求,但违背了深层次的道德感与价值观,他们的犹豫、矛盾、掩饰与不忍之心,皆是理不直、气不壮之故。他们虽能明理却难以行理,他们更多地受制于直觉与物欲,其结果就是人格、心理、情感的分裂与破碎,经常处于冲突与痛苦之中。

欣先生与小娟皆处于困惑之中,他们是否想过那个"被侵犯者"在想些什么。小娟的丈夫才是一个真正的"被侵犯者",而小娟与欣先生在很多时候是"合谋者"。现在,"合谋者"有了冲突,"被侵犯者"反而作壁上观。

好丈夫"出轨"分析

> 由屈从而累积起来的攻击倾向是不可能永被压抑的，它会在某时某地某个事件中爆发出来。

个案阅读　跟踪追击……

儿子的老师从学校打来电话说儿子因感冒而发烧了。搁下电话，夏很为难，她是电视台节目部主任，下午有紧要任务脱不了身。于是，她与丈夫联系，希望丈夫能领孩子去看病。丈夫是个律师，他说自己正接一个要紧的案子，实在抽不出时间。没办法，夏只能自己请假两小时，开着车，着急地赶到儿子学校，又匆匆地向医院驶去。

驶过了两条街，车被红灯挡住了，前面有人伸手召唤出租车，儿子忽然叫道："爸爸！"夏这才看清，那个戴眼镜提着黑色皮包的男子是她的丈夫孟近。不知出于什么原因，夏并没有上前去和他打招呼，等他乘坐的出租车启动了，夏这才踩下油门，尾随着丈夫乘坐的出租车，一路跟踪而去。夏迫切地想知道丈夫在这个时候坐着出租车会去哪里。

孟近在超市门口下了车，走进去了，夏的车也停下了。儿子问道："我们也去吗？"夏摇摇头，她的心里非常矛盾，既担忧着儿子的病情，又实在不愿错过这难得的机会，可以从侧面了解丈夫的行为。她有着一种直觉，这次街头偶遇，可以解决她一直想弄明白的问题。

夏用手抚摸儿子的额头，并不是很热，看着妈妈左右为难的面色，儿子乖巧地说："妈妈，我没事，咱们就等爸爸一会吧……"

孟近出来了，手里提的、挽的、拿的全是厨房餐饮用具。"他买这些干什么呢？莫非他……"想到这里，夏的心里咯噔一下，不祥之感笼上心头，她更不愿意放弃这个跟踪的机会，只想把事情弄个明白。

孟近乘坐了另一辆出租车又上了路，夏一路跟着他到了城市西南一个新落成的小区内。出租车在一幢楼房前停下，不一会儿，一个女人走出楼门，接过孟近手中的炊具，有说有笑地与他走进去了……

"他果真在外另起炉灶！"夏瞬间怒火中烧，气血翻涌，恨不能冲上去闹个人仰马翻。但是，看着身边惊恐不安的、生病的孩子，她强压怒火，掉转车头，载着儿子向医院驶去。夏开车驶上了内环线，她开得很快，超过了一辆又一辆的车。忽然，前面一辆车急刹车，夏猝不及防，她的车一头撞在前车的尾部，车子变形了。夏被挤在驾驶座上，她看着玻璃窗上的鲜血，硬是说不出话来,只听得儿子急促地在喊妈妈,几秒钟后,夏昏过去了。幸好10岁的儿子没有大伤,他急速地从夏的包中取出手机,拨通了孟近的电话,告知这里发生了车祸,然后又打给救护中心,请求救援。当孟近赶到现场时,警察与救护车都差不多同时赶到。夏被送进了医院抢救,夏的娘家人来了,单位里也来了人,孟近与儿子都守在床边。当夏逐渐恢复了知觉,能识别周围人说话的声音与内容时,她还一动不动地维持昏迷的姿态。她不愿意睁开眼睛面对这真实的世界,她实在没有勇气承认她看到的画面——丈夫与另一个女人在筹建一个新家。这个残酷的事实像一个杀手摧毁了她生存下去的意志,那场车祸貌似偶然,可又有谁知,那也许是她潜意识里的死亡冲动占了上风,以汽车为工具,让自己支离破碎。但是,可以肯定,这绝不会是她故意所为。作为一个母亲,她可以自己赴死,却绝对不会有意危及儿子。

夏终于睁开了眼睛,因为她确实还活着。车祸散发了她郁结着的强烈的负面情绪,也改变了她原来的生存状态,她平静了许多……

心理分析 不平等的关系

夏是将官之女,在大学时就是个引人注目的靓丽的"孔雀",男生们对她会情不自禁地生出敬畏之心,因她实在无可挑剔:漂亮聪明、成绩优秀、人际关系和谐。在读硕士时,孟近是她的同门"师兄"。用他的话来说,自从见了夏,他的心便失去了自由,注定要为赢得夏的心而受苦。孟近为陪伴夏,又继续读博士,而他的爱与他无微不至的关怀使得旁观者也感同身受。他对夏的呵护,直接感受的只有夏一个,可受到感动的却是一批人。女生们无数次梦想:假如能有孟近这样的爱人,此生无憾。在女生们看来,有哪一位男子能做到每天来替女友收下晾出的衣服,并折好放在床边;又有谁能做到常替女友按摩因穿高跟鞋走痛了的脚踝和脚底,何况他是一个博士。

孟近是一个"凤凰男",可夏在他的爱情感化下,从没觉得这是问题。随着时间的流逝,他们的感情日渐升温,当完成学业的时候,他们步入了婚姻的殿堂。他们的婚礼与毕业典礼是一同举行的,在同学们真诚的祝福下,他们开始了家庭生活。

生活就这样开始了:夏是家庭中的女皇,孟近是爱情的仆人,为了履行爱的承诺与义务,他一如既往地微笑着,满足夏所有的愿望。这个家,从家具的款式到挂钟的位置,事无巨细全是夏的主意,而夏心满意足之后灿烂的笑容与她的"矫情"就是丈夫最大的收获与回报。不久,他们的儿子出生了。到了儿子读小学的时候,夏几乎把自己所有的情感与精力都投入到了家庭与儿子身上,同时也没冷落丈夫,她精心为他购置服饰,选择每一条领带与每一双袜子,而丈夫在关注家庭与爱情的同时,努力开拓事业,成了一个颇有建树的律师。时间在流逝,爱的形式没有改变,成双成对,鲜花礼盒,名牌服饰,满意的笑容……

夏是一个自律、要强、理性的女人,她曾用微笑与好言好语征服了一切,却在孩子的教育上苛刻求全。一天晚饭后,她又在"教导"孩子,慷慨陈词,越说越兴奋。忽然,孟近从里屋冲出来,大声地对夏吼道:"你瞎吵什么,天天这样,这日子还过不过……"

夏与儿子都惊呆了,夏从未看到过丈夫这样激动,等她清醒过来后,顾不得儿子在场便哭闹起来:"你为什么要这样对我……"

"我对你还不够好吗?你还要怎么样……"

争吵没几个来回,丈夫一甩手冲出去了,整整一夜未归。

夏彻夜未眠,她一下子坠入深渊,眼前一片黑暗,胸中一片空白,不知道为什么会这样。第二天,孟近打来电话,说是他想暂时住在单位,过几天清静的生活,那坚决的口气没有商量的余地。从那时起,他虽隔三岔五地回家,却拒绝与夏探讨离家的原因。夏找了他们共同的朋友来调解这莫名其妙的纠纷。朋友们听了夏的诉说都对她深表同情。可奇怪的是,当他们听了孟近的讲述后,便站在他的一方,对夏的请求保持沉默,采取了中立态度。这让夏困惑甚至令她恐惧,这也预示着她对未来生活的走向失去了控制。夏极其痛苦,三个月后,追踪和车祸发生了。

心理解码 角色面具下的真实……

在人际关系中常有这样的情况：从表面看来，两人关系亲密，可是两人的动机与对这种关系的感受完全不同，当这种关系对其中一人失去意义（利益）时，这种关系便会被破坏。在人们的眼中，夏与孟近是亲密夫妻，夏本身对这种关系也是颇为满意的，可是在孟近的心中，对这种关系的理解与感受却是另外一种样子的。多年以来，他基本上是按照人们对他的期望、夏对他的要求，配合着他们，扮演了一个模范丈夫的形象。他的矛盾在于他以为自己是爱妻子的，他以为自己是很幸福的，可是他常感觉空虚、无聊、冷漠、缺乏激情。他的痛苦在于从各方面看妻子都是优秀的、能干的，是公认的好妻子，相夫教子，贤妻良母，为他安排好一切。可他内心里又常嫌她俗不可耐、虚荣、逞强、专制、控制欲强烈。她用温柔的蚕丝捆绑了他的手脚，用爱作为工具卸下了他的武装，用牺牲作为诱饵让他做了感恩的奴隶。他感觉到"自我"正在一点点地被吞噬，意志正在渐渐被瓦解，自己几乎成了妻子"爱情机器"中的一个部件……在这种被蚕食的过程中，他的自主意识与独立意志终于苏醒过来了，并植根于他的心里。假如说当年孟近做模范丈夫是有他的需求驱动，但如今这种角色已令他压抑、厌烦。当这种负面情绪累积到一定程度的时候，一个小小的事件便可引爆这颗炸弹。更何况，当另一个女人向他"进攻"时，他的这种"甩手而去"的行为便是可以理解的了。

孟近离家之后，夏怀着万分委屈的心情找了他的亲戚朋友、家人与领导，一次次地为自己喊冤，一次次地诉说丈夫的无理与不道德，昔日"温良恭敬让"之态一概不见了。她本就是说一不二的人，顺从了她一切皆好商量，违背了她则要闹得鸡飞狗跳，而这种冲突无疑加速了夫妻关系的破裂。

这场事故折断了夏的腿骨，压碎了她的肋骨，夏的家人却没有一句恶语，他们希望通过此事能够令孟近回心转意，感恩图报。面对这四面楚歌，他屈服了，他承诺"不提离婚"，他悉心照料妻子、耐心辅导孩子，心情已经不再那么压抑。因为从此他可以呈现自己真实的心态，不再扮演他所讨厌的角色。

在夏住院的日子里，孟近初时来得很勤，但越往后便越是疏淡。夏虽讨得了一个"承诺"，却再也找不回那个"爱情奴隶"，即便如此，她还是"宁为瓦全，不为玉碎"。

又一个问题家庭产生了，他们今后生活的冷漠是可以想象的，但夫妻在冷漠中维持各自的独立，却比在虚伪与假装中生活要好许多。

假如我们能够剥去附加在婚姻外壳上的虚荣心与内在的掠夺心，从而使婚姻这座围城成为轻松、自由、舒坦的家庭花园，我们的生活质量将会有一个质的提升。

"聪明女人"和"笨男人"的较量

"聪明女人"总是嫁给了"笨男人",因为"笨男人"是她们的舞台,可以让她们任意表演……

个案阅读 偶然发现的意外情况

在铃的心里,丈夫仍是当年那个唯她是爱的不苟言笑的傻小子,而她还是那个人见人爱、聪明漂亮的"白雪公主"。当初铃的父母怎么也不同意他们恋爱,而铃为了回报他的爱情,中止了大学学业和他私奔到上海,他们从爱情的天堂一下跌落到了生存的危机线上。整整十年,他们携手创业,直到今天有了自己的公司,事业有成。在这十年中,丈夫一直把她奉为心目中的女皇,而她目不斜视,全心全意地扶持他的企业……

那天她回娘家,丈夫说晚上在新天地有应酬,让她晚饭后自己回去。可是那天铃正巧接到小学同学小芳的电话,知道铃在母亲这里,便从很远的地方赶过来,就为了痛快地聊天。过了晚九时,铃想让丈夫驾车过来把小芳送回家。铃想让丈夫猜猜是谁,就用小芳的电话拨通了丈夫的电话，只见小芳刚"喂"了一声就皱着眉头没有声音，而后才听她说："你知道我是谁吗？"

铃接过电话，丈夫说："我今天会弄到很晚，你们自己回去吧！"

铃有些不快，他从来都是顺从的，没想到今天自己遇见稀客，他也不愿理会。小芳说："他并不知道是我啊，为什么我才'喂'了一声，他就说'我要晚点到'呢？"小芳似乎有所感觉，可是她又不敢相信，谁都知道铃和丈夫的婚姻是最美满的。小芳自言自语地说着，铃的脸色却变了，她强压着心头的慌乱，镇静地说："既然他不来，我叫出租车送你。"

送走了小芳，铃感觉自己在发抖。她是何等聪明，丈夫"我要晚点到"这句话，说明他今晚将和一个女人约会。显然，他把小芳当成了那个女人。铃让出租车送她到新天地，站在一家酒吧门口，她立即给丈夫打电话，问他在哪一家酒楼应酬，她立刻就到。丈夫的口气很慌乱，他说新天地订不上座位，他和客户已经在新客站附近的东亚饭店。铃急忙赶到新客站，尽力保持平静的口气，打通丈夫的电话后说："我在新客站……"

事实上，他并不在新客站，再追逐下去已经没有意义，铃终于证明了残酷的事实，丈夫背叛了他们的爱情。那一晚，铃站在小区门口的立交桥下，眼巴巴地等待丈夫回家。她的心里像是塞了炸弹，随时要爆炸，她现在唯一的心愿就是想看见他，她有太多的话要问他。午夜时分，汽车一辆比一辆开得快，在清冷的秋风中，铃望眼欲穿，就是没有看到他的影子。看着路灯光映照出的自己的影子,铃流着眼泪,想弄清楚他们之间究竟发生了什么。

那天夜晚,直到数完了整整100辆车,仍不见他的车。深秋的风把铃的脸吹得麻木了,铃的心一直有被割裂的痛楚,但是铃还是回家了,她不放心家里5岁的儿子。此刻,只要他出现在眼前,她甚至可以不计较他干过什么,一直刚强的铃失去了自信,只怕他今夜不回家。凌晨2时35分,丈夫终于回来了,铃突然失声痛哭,丈夫拉长着脸,不知说什么才好。

"我没有做什么,我真的没做什么,我只是一般的生意应酬而已……"

"你敢发誓吗?"

"假如我骗你,那我就不得好死!"

"再发个誓,假如你骗我,那我们的儿子就不得好死!"

丈夫的脸上暴出了青筋,他咽了下口水,对铃吼道:"你别太过分了,我不许你诅咒我们的孩子……"

在铃的再三盘问下,丈夫终于承认,他约会的女人就是那个曾经在他们公司工作的员工,就是那个因私吞货款被发现而被开除的小红。

心理分析 两个"聪明女人"的心思

铃现在想起来,丈夫最近晚归的次数很多。丈夫说小红是在两个月前找到他的，她说自己是被冤枉的，那笔钱并非她故意私吞，而是被她遗忘的。被迫离开公司后，小红一直没有工作，她说想了好久，才终于下了决心与丈夫谈一次。

小红说，自己以前是在同一个行业的另一家公司打工，因为常常听见老板们说起铃的能干和丈夫对爱情的忠贞，很是羡慕和敬佩。怀着这样的心情，她才辞去了那份工作，到这里来，她想知道他们怎样合作、怎样相爱。假如不离开这里，她还是不会说出自己的心意，她认为自己不适合评论他们，现在没有劳资关系了，她才可以一吐为快。那天小红还对丈夫说："你们是好夫妻，但是你很压抑，被爱情捆住了手脚。这样会延误企业发展……"

丈夫很震惊小红有这样的胆识，感怀她有这样的见识，怜惜她是个人才又没有工作，就提出帮助她创建一个公司，然后用经营的利润还贷款。近几个月来，他都是从小红那里进货，这样他们不但有业务合作，还可以经常见面聊天。

"你动心了，你相信了吗？你怎么知道她不是在意你的钱？"

"她没有这么大的胆量。"

"她的胆量是你给的，你在暗示你对她感兴趣，你敢说没有碰过她？"

丈夫没有言语。铃步步紧逼，说："她说什么敬佩和羡慕，其实就是爱情间谍和复仇女魔。她到你这里讨同情，结果就是一箭双雕，离间了我们的感情，以泄被开除之恨。"

铃知道丈夫的性格，光给他压力并没有用，而是要给他证据。她要用事实来告诉丈夫，除她之外，没有人能像自己那样爱他、在乎他。

不用去问丈夫，铃就找到了小红，约她到茶坊，铃开门见山说知道了他们之间的事，并问她："以你之见，你和我丈夫之间会有结果吗？"

小红的头摇得像拨浪鼓，说："你是我见过的最有魅力的女人，我从没有想过和你竞争。我和你丈夫的来往，不过是想取得他的同情，混口饭吃罢了。"

"痛快，我就喜欢你这样的性格，我会成全你的……"

铃让小红开个价，条件是从此以后她与丈夫永不往来，从前的事一笔勾销。

"五万元怎么样？"

"我再给你加五万元！"铃脱口而出。

"不好意思，我亏欠你太多了。"小红真的有点感动。

"没什么不好意思，你是有理由提条件的，我的丈夫碰过你了……"

小红似乎默认了，铃没有去追究丈夫是真的"碰"了，还是小红为了钱而默认，但是她要求小红打一张收条，断绝和丈夫的来往。

为了消除丈夫的心病，铃把小红写下的十万元收条拿给他看。没有想到丈夫看了后大声地责骂铃："你以为你多能干，你有权力拿我们的钱去送人吗？你给人送了钱，还抹黑自己老公。

她是走了,但我和她本来就没什么事,她白白捡了便宜……"

心理解码 爱情使"聪明女人"变笨、"笨男人"变聪明

无论丈夫怎么说,铃都没有意见,只要小红离开他。铃用钱消除了危机,但是让铃很痛苦的是,小红走了,丈夫的心并没有回来。他变得更消沉了,整天无精打采,魂魄出壳似的,常常一个人发呆。铃明白丈夫是动真情了。现在,铃考虑的是自己是否还应该像以前一样爱他。不爱他,铃做不到;爱他,铃不甘心。铃仍然很痛苦,她不知道自己为什么失宠,更不知道怎样才能收回他的心。

这是一个"聪明女人"和"笨男人"的故事。"聪明女人"往往被"笨男人"吸引,《卖油郎独占花魁》《九斤姑娘》等故事讲的都是"聪明女人"和"笨男人"的故事。"笨男人"是"聪明女人"的舞台和园地,是她们展现聪明、挥洒能量的背景,这样的婚姻可以由着她们尽情地发挥和表现,而她们渴望得到的是控制的快意和被感激的欣慰。在结合之初,他们都很快乐,"笨男人"省心省力,"聪明女人"尽情尽力。但是,平衡很快就被打破了,"聪明女人"越来越喜欢控制,"笨男人"越来越感到压抑,再笨的男人也不愿意被支配、被"优待",他们更习惯过自己的笨日子,而不愿意被女人控制。整个婚姻的过

程就是"笨男人"在"聪明女人"无所不能的庇护下慢慢地变聪明,他们的男性意识开始觉醒,他们更愿意去庇护比他们更弱小的女人而反抗"聪明女人"的干预。这是一个渐变的过程,也是潜意识转换的过程,等到这种心理转换完成,"聪明女人"发现"笨男人"行为上的变化时,也许为时已晚。到这时,男女在气势上开始逆转,"笨男人"还是听话的、温顺的,但是他的心里已经有了"聪明女人"无法探知的内容,也许她永远不会知道"笨男人"真实的心理感受……

"聪明女人"越来越气短,产生了不安全心理,她们由爱情的主人变成了爱情的乞求者。"聪明女人"像妈妈那样培训了"笨男人",当"笨男人"变聪明时,她们自己就变"笨"了。铃是真够"笨"的,白白花了十万元,为自己买了个"笨"名声。虽然她"笨",可是丈夫"聪明"了,他感觉到了自己的能量和魅力,他开始控制"聪明女人"的情绪,铃就是想逃脱,也做不到。

铃感觉自己有些像《茶花女》中的阿芒的父亲,用钱买断了茶花女的爱情,所不同的是那边是正常的爱情,这里是暧昧关系。小红会否像茶花女那样履行承诺呢?其实她们之间没有可比性,她们的动机是完全不同的,茶花女是因为爱情而承受,小红是为了钱或者也是爱?这样想下去铃的心理又会失衡,她强迫自己到此为止,劝慰自己:走一步看一步吧!但是她告诉自己:"决不放弃自己的权益和自己的家。"

年轻妈妈的情感危机

> 经过恋爱巅峰感觉的反差，婚姻的琐碎和磨合的艰难使年轻妈妈特别不耐烦。她们是"办公室爱情"的主角，哪里有亮光，她们往哪里去，没有亮光时，她们可以创造亮光……

个案阅读 与"外恋"分手

那天我去的公司是我们机构心理服务的签约单位，人力资源部经理已经事先把这个消息通知给员工们。我那天提供的是个案服务，员工按照约定的时间前来咨询。就在那时，我看到了唐小姐的那双眼睛，透着不安的光，燃着焦灼的火。唐小姐是一个灵秀而丰润的少妇，分外躁动并流露着明显的热望。唐小姐是我第一个谈话对象，她羞涩且有些紧张。从她絮絮叨叨的诉说中，我知道她是湖州人，在上海读完大学，应聘进了这家公司。短短的五年内，她恋爱、结婚、生子、升职，把人生的大事全部办成。她的丈夫是某研究所的工程师，虽然薪水不高，但他很热爱自己的职业，一心扑在工作上，其他什么都不在乎。

女人都害怕自己不再爱丈夫，所以在正式开说前，她们常常向我说明："我很爱我的丈夫，可是不知道为什么，我又总是身不由己地被别人诱惑……"这位美丽又聪明的唐小姐吞吞吐吐地说出来的，竟也是这样的话。她的丈夫只知道工作，孩子只有两岁，正是让人烦心的时候。唐小姐的工作特忙，像一只陀螺整天转个不停，情绪越来越烦躁，看什么都不顺眼……她说了很多琐碎的事。临近结束时，她忽然说，她最近暗恋着本公司的一位工程师，他很帅、很刚又很温柔，是个单身的小伙子。不知道他是否看穿了自己的"心事"，而她看见他就害怕、紧张、不安。除了心中的小秘密，唐小姐不知道自己究竟要什么、该干什么，她的心中七上八下、一片茫然。然而，我看见了她的脸上写着的"痴心"，那是一个中了"爱魔"的人才会有的恐慌的表情。那天唐小姐告诉了我她的境遇，也说了自己的情感烦恼。

再次见唐小姐是一个月以后，她到我们机构来咨询。我已不见上次她展现的灵动、机敏、热切、兴奋的特征。她仰起的脸上似有淡淡的泪，羊脂玉般的脸上浮现的竟是深深的忧伤。她说自己陷入危机之中，所以需要紧急援助。在现代社会，一个月足以使美丽的爱情故事从诞生走向终结，唐小姐遭遇了什么，是上次故事的延续吗？唐轻轻地摇着头，喃喃地说："太残忍了，他怎么可以这样对待我……"

一个月内，唐小姐终于还是让那个很帅的"大男孩"知道了她暗恋着他的心。她不懂得,"大男孩"是不能惹的,他们和"大女孩"一样,遇到目标往往产生两种极端心态:不是恐惧退缩,就是"揭竿而起"、忘情投入。唐小姐的心思简单得像玻璃球,体态丰腴得像宁波汤圆让人看着就觉得甜,加之她对"大男孩"的青睐,在他面前的巧笑嫣然,"大男孩"的怀中像有个小鹿似的,他的心经常怦怦地跳个不停。他有些失态了,她更痴迷,持久积压的情愫使得他们迅速排除了阻碍他们实现爱情的心理和外部的不利因素,结合了……

子夜时分,唐小姐万般不忍地离开"大男孩"的住处,她的心被撕成了碎片:因为对爱的感激,因为对分离的不忍,也因为对道德的亵渎……

可是,他第二天就变脸。第二天,当唐小姐战战兢兢地走进办公室,惊慌地把目光投向他,却发现他根本没有任何表示,始终沉着脸,没向自己看一眼。唐小姐的心瞬时凉到了冰点,像刀割般地痛着,好容易忍到了晚上,她躲进自己的房间给他打电话,直打到晚十时左右,可是他一直不接。唐小姐疯了似的坐上出租车赶到他的住处,看见他的房间亮着灯。她想冲上去,但是她不敢,她怕自己会失态,惊动他的父母,她更怕一旦闯进去遇见另一个女人,自己会晕过去。站在街口,她心乱如麻,星光都支离破碎了,她不知所措,忽然,房间的灯光灭了,唐小姐似乎真的感觉到那里有另一个人,她失去了最后一点冲上去的勇气,转身又打车回家了。

那夜，唐小姐没有到丈夫的房间，留在自己的房间，持续给他打电话。凌晨一时、两时、三时……天将破晓，电话还是没人接，唐小姐再也不存希望。她放弃了，躺在床上，眼泪浸透半个枕头。

第三天，唐小姐和他都没来上班，同事们很惊讶。又过了三天，单位外出组织活动，"大男孩"带了个女学生模样的女孩来。唐小姐说，她不知道自己是怎样熬过了那一天，她认为他不但无情而且恶毒，故意带个女人来羞辱自己，他原来一直说他是没有女友的。

唐小姐哭得很伤心，她说自己其实连哭的地方都没有，再憋下去，她的心就要爆炸了。

"为什么他会突然改变？为什么他要如此残酷地对待我？难道我的判断彻底错了，他从来就没有爱过我一点点？我曾经许多次看见相聚时他的喜悦和别离时他的惆怅，曾经亲耳听见他说'爱'字，可是这一切为什么全变了……"

心理分析 在危机中成熟

那一天，唐小姐确实处于危机中，情绪很激动，不宜继续探讨。我又提了一些问题，等她平静一些，就结束了辅导。我了解到他们在发生了性关系后通过话，唐小姐曾问他："我爱你错了吗?"他回答:"爱没有错,可是为什么是我?""为什么是我"这句话比较清晰地泄露了他的心态,它的潜台词可能是"这样倒霉的事为什么偏偏轮到我"。可是唐小姐说她的感觉不会错,她确信他是真的动心了。在地铁站分手,她曾经看见他很失落地抚着后脑勺,挥着微微颤抖的手……一旦她把自己奉献给他,他却变了心!想到这个人曾经看见过自己赤裸的身体和赤裸的灵魂,她就不敢去上班。连着几天,他来了,她就逃;她出现了,他也回避。必须会面的时刻,他做出面无表情的样子,她一直低着头。分手不过十几天,唐小姐瘦了很多,为这突然塌方的爱情焦灼万分,最痛苦的是她始终不知道这究竟是为什么。

我问唐小姐他们的性怎么样。唐小姐告诉我,她怀疑他是"处男",动作很笨拙,她几乎没什么感觉。

我相信,他们的性是不很成功的性,这挫败了他的爱情自信。他既没有好感觉,又"丢人现眼",他的沮丧和懊恼是可以想象的。他对唐小姐越"残忍"越显示他的强烈挫败感,没有能力包裹自己伤口的人才会把痛示人。我怀疑他对唐小姐的爱究竟有几分,也许是青黄不接的消遣,也许是半推半就的顺水人情,也许是根本就是一场游戏。他的"翻脸"说明他感觉自己受到了伤害,也说明他爱得不深。唐小姐痴心不移,是她需要他。他们在这份感情中的动机和状态是不一样的,所以对这份关系的态度完全不同。

唐小姐同意我的说法,确实是她先招惹他了。可再怎么说,唐小姐还是不解恨，因为她现在还喜欢他！她甚至希望他们的爱和性能够有结果，假如她怀孕了，她至少可以以此吓唬他。

唐小姐其实知道这是一份不会有结果的爱情，而且几乎是单向的诉求。但是身处充满压力的生活中，情绪的压抑需要剧烈的刺激来纾解，在利益、伦理和心灵困顿的冲突中，她是本能地跟着感觉走，选择了"出轨"。她最终接受自己的行为是非理性的，也愿意努力地调整自己的心态来面对未来的生活。

心理解码 挑战寂寞和压力

人类的性是一个很敏感、很复杂的测试系统。在发生性关系之前，人们互相吸引、互相趋近，而一旦有了实质关系，有些关系锦上添花、如鱼得水，有些关系则会让彼此发现距离，因此重新考虑如何相处。性是人际关系、感情密度、生理适应等方面的综合反映，性反映出的内容很值得重视，它不是技巧性的，而是精神性的。那个"大男孩"的态度显示了他对唐小姐爱得不深，而他自己并不知情，所以才有了那样的"错误"。在这段关系中，主动的始终是唐小姐。不仅是唐小姐，像唐小姐这样事业有成的年轻妈妈"出轨"并非偶然，导致她们"出轨"的原因一般有以下五个：

（1）恋爱高峰的反差。经过恋爱的高峰体验，婚姻是烦琐的，不仅有家庭成员的磨合，还有自己心理上的适应过程，从娘家到婆家不是一个简单的空间移动，而是身份和角色的转换，所以会产生很多逆反情绪。在这样的特定时期，有些年轻妈妈用"出轨"来减缓婚姻磨合期的焦虑。

（2）工作上承受的超高压力。事业成功往往意味着身体超负荷运转，常常有些30岁左右的女性诉说，下班回家在出租车上就睡着了。这不仅是因为工作劳累，也是因为高度紧张的、微妙的人际关系的困扰。

（3）琐碎的家务劳动。许多成功女性从事着公关和销售的工作，她们经常在外奔波，连孩子都顾不上，即使在家，也因为时间不固定难以请钟点工，沉重而琐碎的家务是她们疲累、憋闷的一个主要原因。

（4）夫妻感情趋于淡漠。30岁左右是青年夫妇的第一次婚姻胶着期，夫妻关系看似平静，实际上有不进则退的潜在趋势，而一部分女性无法忍受情感上的寂寞。所以，日渐变得麻木的婚姻是促使她们寻求婚外情的一个主要原因。

（5）性爱处于荒芜阶段。30岁的男性正是事业上升的关键阶段，他们可能忽视了性爱，而冷落了妻子。并且，他们的性指向常常带着缓解焦虑的意义。同样是性，作为他们的妻子往往感受不到恋爱时的甜美，因而觉得压抑。感情处于压抑和饥渴状态的年轻的妻子，渴望爱情缓解压力，渴望婚外性激活精力。在这种状态下，她们很容易成为"出墙的红杏"。

也许这样的建议更应该对年轻的丈夫们说，他们不应该只顾着自己的事业而使妻子的感情荒芜，孤独地跳着爱情舞蹈。婚姻质量重在时时维护，而婚姻的开始意味着风险和责任同时开始了。年轻的妻子们要先学会协调生活，感情、家庭，甚至职业也仅仅是生活的一个部分。最大的利益是综合利益，假如图一时之快，放纵自己的感情、欲望，换来的也许就是绵绵不绝的伤感和忧愁。

把迷路的丈夫等回家

不是在沉默中爆发，就是在沉默中消亡。

个案阅读 抑郁者的"出轨"困扰

一个月前的一天晚上，看上去和婚后的每一天没有任何不同，安顿好孩子后，小玉和丈夫准备就寝。可是那一晚，丈夫迟疑了很久，还是说出了那些可怕的话："……我早已失去对你的爱，怕伤害你，所以一直憋着……我现在有了女友，我已经对不住你，不想再对不起她，我们分手吧……希望你能理解我。"

小玉的脑袋一片空白，丈夫继续请求小玉同意离婚。他再三强调，这种无爱的婚姻与性几乎让他窒息……那夜丈夫去了另一间卧室，整整大半夜，小玉没法入睡。一大早，小玉便跟丈夫说："想了一整夜，我总算想开了。我可以同意离婚，但是有一个条件，你去找心理医生咨询，如果咨询完了你还是要离婚，我就给你'解放证书'……"

小玉说，我是她找的第四个"心理医生"，她之所以找我，是曾经读过我的一些文章，而且我丰富的经验也是她中意的。约定的那天，小玉的丈夫李先生准时到达，他是典型的白领主管打扮，穿着风衣，拎着公文包，神色疲惫且不安。坐下后他便说："我并没有什么要说的，只因为对妻子有承诺，所以才来闲聊……"

既然是闲聊，他也就放松了，不经意间便说出了自己的一串无奈：他是某外企的销售主管，年收入不菲，可是工作让他厌烦；他与妻子相恋八年，结婚五年，共同度过了艰苦的日子，可是在最近两年，他忽然失去了爱的感觉，心中既烦闷，又焦虑。平心而论，妻子是个好女人，几乎无可挑剔，可是为什么自己会不再喜欢她？无爱的婚姻实在太磨人了。最近，他邂逅了一位小姐，单身的她在本市工作，对李先生很有感觉，诚心诚意地等着他娶她。李先生没能控制住自己，和她坠入爱河，之后一大串问题便接踵而来。

李先生和我聊了50分钟，然后提出了几个困扰他的问题：妻子很优秀，为什么自己会不爱她了？假如真的离婚，是否对孩子有伤害？假如离婚后再婚，过两年又没有爱情了怎么办？

我很想知道他是否真的很想离婚，还是因为对外有承诺，不得已只能离婚；假如离婚了，他是否会再结婚；假如结婚，他是想结婚还是为了承诺而入"围城"；假如他真的离婚了而不结婚，他将怎样面对那位小姐？因为在那位小姐看来，李先生离婚的目的就是和她结婚。

我问李先生，他害怕离婚吗？他害怕结婚吗？他害怕保持现状吗？生活中还有什么是他更害怕的？现实中有什么是他不堪忍受的？

按照我提出的问题，李先生重新审视自己：他既害怕离婚又害怕结婚，至此为止，离婚还只是他们两个人的密谋，父母家人、亲朋好友无一知晓，但是他感觉自己已进退两难。他还有很多害怕的事情：害怕看见妻子的忧伤、害怕看见女友的委屈、害怕儿子对自己的依赖……而现在他最想做的事是离这一切都远远的，一个人躲起来独居！

我同意他离家独居的想法。在第三处的空间，他也许可以确认自己的感受和需求。

他真的离家了，其间我们交谈了六次。

我见过李先生的女友。她是一个娟秀而标致的女孩，眉宇间有着驱逐不了的忧愁，沉默而又焦虑。她靠着努力学习，在外企当办公室副主任。有一次咨询，她把李先生送进了咨询室，犹豫了一下，终于什么也没说，就先走了。

小玉经常给我电话，她检讨自己过去忙着工作和家务，而忽略了丈夫的感受。丈夫虽然"出轨"，但是小玉仍然在乎他，假如他想回家，小玉会调整好心态，努力找回感觉。虽然这样说，但小玉还是很痛苦的，不过她明白这是让他回家的唯一方法。

心理分析 内心的冲突和自我破坏

　　通过和李先生多次谈话，还有和他妻子、女友的接触，我感觉李先生是一个优柔寡断、举棋不定、经常陷于心理冲突的人。当他和妻子在一起时，他觉得对不起外面的女友；在女友面前，他又对妻子怀着愧疚，无论做什么，他的能量和精力都被内心两种相反的力量消解掉了。这种状态是病理人格。处于这种状态下，人是极其郁闷、痛苦的，而这种状况常常是过分压抑和逃避现实造成的结果。李先生对自己的现状并不满意：工作多年，他自认为很努力，可是后来者都升职了，只有他维持原状，这好比逆水行舟，不进则退；从恋爱到结婚，他都是家中无可挑剔的公认的"新好男人"，这除了使他厌烦以外没有别的感觉，他被打上"好丈夫"的标签，他不敢让所有的人失望；他觉得自己很有见地，可是没有人赏识他，经常处在郁闷和激愤中。

　　每个人都有不如意的事情，每个人在心理上处理困难的方式不同，造成了完全不同的心理状态和人生境遇。李先生对待这些挫折的办法，是把自己所有的失利全部投射到外部世界和他人身上，认为是世道不公使自己怀才不遇。李先生的这种处事态度，必然会造成长期情绪低落，心里满是冲突，人格两极分化，时而骄傲、时而自卑，时而逆反、时而屈从。他始终不能找到自己合适的心理状态，不能平衡自己的心态。当他的负面情绪积累到一定程度，便对自己产生了破坏作用。他的离婚冲动在某种意义上就是无目的的破坏。

　　李先生有抑郁倾向，离婚和婚外恋只是他抑郁心态的反映，抑郁是其病根，所有的事件和冲突都是表象，而导致抑郁的重要原因是他对现实不正确的认知和不恰当的行为。

　　最后一次来找我咨询的时候，李先生比较放松，他没有说及他将会怎么样，但是我能感觉，他的心里已有了主意。走到门口，回过身来，他微笑着对我说："假如可能，没有事我也想找你聊天。"他的"门口表现"告诉我，这一个谈话过程已结束，在短期内，他将不会再来了。

　　半个月后，我又接到李先生女友的电话，她唏嘘着说："他终于还是走了，也许这样的结果对我来说更好……"说这样的话，可见她的灰心。最近我又收到小玉的电邮："丈夫现在与我的感情很好，可以说是上升到一个新的境界，不同于初恋，不同于新婚，也不同于怀孕的那段日子，我们更理解了对方。其实，在他要与我离婚的最痛苦的时候，他依然对我很好，可是，爱的感觉和谁对谁好有着微妙的不同，在我的内心感受也是不同的。拯救心灵的职业是如此神奇，我的心中对你充满了感激、敬佩。我觉得一个人内心的快乐感受是最难得的幸福……"

心理解码 简·爱与罗切斯特先生

《简·爱》这本书曾经是女大学生的必读书，女大学生穿着飘逸的长裙坐在校园的草坪上，臂弯里搁着的是《简·爱》。简·爱成为传统观念中"圣爱"的典范，也曾经是女大学生心中的爱情楷模。

假如以今天的眼光看《简·爱》，实在是一个平庸的爱情故事：灰姑娘历经磨难成为家庭教师，遇到了富有、英俊却是沉郁、不幸的主人，产生了爱意，却又因节外生枝难成眷属。后因一个意外的变故，灰姑娘成了有钱人，而有钱的主人成了又残又病又穷的不幸者，他们终于在一起了。这样的书能够畅销是因为普通人喜欢这样的故事，普通人永远比成功者多得多。简·爱的遭遇令穷姑娘们松了一口气，只要耐心等待，好运一定会来。简·爱的财产也会令拮据的人们宽下心来：钱可以满足人们给予的愿望。简·爱在心理上终于可以高人一头，她有钱了，她可以给予罗切斯特先生，而不必在心理上仰望着他。这样"俗套"的故事左右着作者和读者的心，人们因此而兴奋和感动。书中除了演示普通人和成功者的互相转换（用中国的老话说，就是"三十年河东三十年河西"），还演绎了一个庸俗的情节：就在简·爱即将要嫁给罗切斯特先生的时候，一场火灾揭示了罗切斯特先生是有妻子的这个事实。虽然他的妻子是个疯女人，虽然罗切斯特先生是孤独又痛苦的，然而简·爱因为这种徒有虚名的婚姻扭头就走。她不顾罗切斯特先生的痛苦会有多深，只为了自己心中对名分的讲究。这种离去是坚强的也是冷酷的，坚强是为了名誉，冷酷是对爱情，对罗切斯特，也对她自己。与之相反，书中对罗切斯特先生的塑造是比较成功的，显示了他的平等，不因地位悬殊放弃爱情，毫不犹豫地爱上了做家庭教师的简·爱；也显示了他的宽容和仁爱，那个由简·爱执教的女孩并非他的女儿，而只是一个风尘女硬塞给他的"礼物"。他不是爱这个孩子，也不是不爱，却为她尽了心，那仅仅是出于对人的仁爱。他当时想娶简·爱为妻，说明他不迂腐，能够超脱婚约的束缚，去追求自己所爱的人。罗切斯特先生可称得上是一个忠于爱情的人，当年他富有时，他愿娶简·爱，当他破落时他仍深爱着简·爱，而根本无视她婚否和她在离去的时间里的经历。这本书的书名虽是《简·爱》，可我分明从简·爱的遭遇中感受到了罗切斯特先生的完美，他的沉郁寡言、他的灾难、他的宽容、他的忠贞仿佛历历在目。在看书的时候，我既痛恨他的疯妻，又耻于那个扔下自己孩子的风尘女，并且为简·爱的离去伤害了罗切斯特先生而感慨于她的庸俗。我后来又看过一些《简·爱》改编的电影、电视剧，觉得没有一个人能演出我心中罗切斯特先生的形象与感觉，想来有许多人和事是只可意会不可言传的。书中的意境是不可能被画面彻底表现的，文字可以给人留下无限回味的余地，画面却限制了想象力的发挥。

《简·爱》的作者是个女性，所以她塑造出一个完美的罗切斯特先生，也许这是无心插柳柳成荫。《简·爱》的广为流传，也许是与一个完美的、冷面的、不幸的、善爱的贵族——罗切斯特先生有关。女人们也许和我一样，从简·爱的身后，看到了他，一个成熟的男性，因而痴迷，因而喜欢这部作品。

痴情和负心

> 失恋的女人绝望地以为,自己被男人欺骗,然而在很多情况下,她们只是受了头脑中爱情幻觉的蒙蔽。

个案阅读　被爱欲控制……

她风风火火地撞进门,大口大口地喘气,眼中饱含着泪水。虽然已经是咨询中心下班的时候了,可是因为她的情况紧急,我仍然留下来接待了她。

"我怎么也料不到自己会卷入婚外恋的旋涡中,既然自己选择了'地狱',我也无话可说,只能受此煎熬。但是,我感觉自己已被他残酷地抛弃了……已经整整四天了,他收到了我的'警示信'却若无其事。我的心好痛,恨不得去死,也恨不得他死……"

她曾是一名演员,嫁给做生意的丈夫之后,便告别舞台转行当了一名音乐教师。富裕的物质生活与良好的家庭环境使她性格开朗,然而她的心因为丈夫常年外出而落寞。在她这样容易寂寞的年龄,不安分的心伸出了敏锐的触角,在她的期待中,他出现了。他40岁左右，矜持、自律、沉默寡言，是她所在的教研室的主任，也曾是一个乐队的指挥。情魔已使她神迷目障、不能自已，无须她特别暗示，种种情态都明白地传递着心中的秘密。这一切都被熟谙人情世故的他准确地接收到了。主任"把握住时机"，与她爱得天昏地暗。此后他需要做的，不是怕她逃脱，而是竭力与她保持距离，以免引火烧身。偶尔，他流露一些情意，被欲火燃灼的她便迫不及待地投入他的怀中。有时，内疚涌上心头，她也会责备自己，但是顷刻之间，她又重新回到狂热的状态中。她顾不上考虑家庭、孩子和丈夫，只沉浸在爱的幻境中。因为丈夫工作繁忙，她处于性和情饥渴的状态，这使她的想象力很发达，被她"美化"之后，他几乎是完美无缺的，而他对自己的爱也是至圣至纯的……

为了这份想象中的完美爱情，她几乎疯狂了，她甚至在丈夫回家的日子，忍不住思念之情，躺在酣然大睡的丈夫身旁，悄悄地和情人倾诉思念。她这里如火如荼，可矜持的他已经被她溢于言表的热烈和眼睛里燃烧的爱火吓得屡屡后退。在几次旁敲侧击，甚至是郑重声明要她注意保密，而她毫不在意之后，他终于与她保持了更远的距离。他开始忽视她的存在，不再与她约会，拒绝接她的电话。这突然的冷却使她如遭电击，也使幻觉失去了依存的基础，更使她痛不欲生。在极度的焦灼忧虑之中，她给他写了一封信，作为"最后通牒"：

……我也知道自己不可能成为你的"主餐"，但我仍然爱你。我不求地久天长，只求曾经拥有……可是，你弃我如敝屣，一点也不在乎我的感受。我们同室相处，我哪里受得了这样始乱终弃的行为。我在精神上极其痛苦，可你视而不见、麻木不仁。虽然如此，我也不恨你，只是失去了活下去的勇气，我不知道怎样面对已经不再爱我的你和被你抛弃的自己……

好不容易写好了，她把信在手心里捏了半天，咬着牙塞进了他的抽屉，她觉得自己把命运投进了暗箱，她是在拿自己的尊严、名誉，甚至是生命在冒险。她已经做了，就没有退路了。

已经整整四天了，他毫无动静，她因此陷入危机之中。她觉得自己被欺骗、被愚弄、被抛弃，她发现自己在他心中毫无价值，她愤怒极了。

心理分析　男人的理智和女人的冲动

这个让她痴情的男子，在现实生活中是一个非常普通的人，当他接到了她求爱的信后，便不动声色地把她占有了。他是一位世俗中人，她却爱欲旺盛、简单天真，单凭这些，就极大地满足了他的虚荣心。这突如其来的艳遇使他觉得自己是一个有魅力的男子，因而充满自信。这种自信使他忘却了谨慎做人的原则，铤而走险，冒着极大的风险，一脚踏入婚外恋的是非圈。对于一个成熟的男子而言,比起家庭、孩子与事业,这种可能要付出代价、打破平衡的"爱情游戏"是非常不值得的。他天生精明,明白女人冲动过后会是什么样的情景,因而更愿意保持现有的平安与稳定。正是借着这样的"聪明",在她陷入疯狂的爱欲之中时,他及时地向她提出了注意事项:要学会控制自己的情绪,不要在别人面前有些许流露;没有要事不能给对方打电话,免得引起配偶的怀疑;他们可以是情人关系,却不能影响婚姻稳定。

他是个精明的人,可以把这些事情做得天衣无缝。可是对她来说,压抑激情,装出漠然的状态却实在痛苦。因此同事一起出差,每人一个房间,夜深人静之时,她便去了他的房间……匆匆忙忙,脸红未消,心跳未缓,他却一定要让她回自己的房间。她本是一个任性的女人,并不如他想要的那样"乖",她捂着发烫的脸背靠着门,请求他再送上一个道别的吻。他走过来了,却是心神不宁、敷衍了事,坚持要她快走。面对这样的羞辱,她猛拉开门,奔回自己的房间,扑倒在床上,心中充满了恨,却不知该怨谁。回去后,她便写了那封信,要与他"决一死战"。可是他仍然不理睬她,这使她陷入巨大的困境之中,她的心全乱了。恨他?心不忍。恨自己?爱无罪。她欲进却退、欲罢不能,连自己都不知真假,因为她发现,自己完全失去了对事态发展的控制。

事情发展到这样的状态,她的理智其实已经窥见真相,但是女人的任性却使她拽住幻觉不放。加上因幻想而升温的恋爱心理一时难以调整，于是她便站在悬崖边，苦苦地挣扎着，以期拯救自己的"堕落"。

我完全能理解她的痛苦，但我只得实言相告，他们之间并无爱情，而曾经发生过的事情只是为了满足彼此一时需求而已。

爱的本质是能舍弃所有世俗的拥有，能超越时空制约，两颗心相对的默契与相知。

然而，她与他都只把这种"爱情"当作生活中的刺激，并且界定距离以不妨碍双方的家庭稳定为前提。既然如此，又何必痛不欲生？

此时的她，最合适的自我保护就是沉默。你追着他，他避之不及；你有尊严地缄默，他会困惑。这是一场只有投入、没有收获的爱情，有过了不用后悔，结束了纯属正常。春风化雨，润物无声。

心理解码　爱情是性的武器

她第二次来的时候，连声对我表示感谢。她说她终于战胜了自己的"情欲"，找回了自己的尊严。她发现自己终于能坦然地面对他，心内有胜利的感觉。因为，她使他觉得琢磨不透而刮目相看。并且，她已能理解他的失落、他的茫然和他的懦弱。

这是一个普通的婚外恋个案，但是它向我们提示了这样一个心理现象：女人在寻求外遇时，很多时候不是因为所谓的"爱情"，而是和男性一样，是出于性的需求。在这方面，男性和女性的区别在于，女性的性指向是隐性的，而男性的性指向是显性的；男性是有意识的，而女性是情不自禁的。在性与情感方面，男女两性在指向上差别很大，也可以说截然不同。女性的性需求是通过表情、语言、音调、语调，即所谓的爱情和生活中无所不在的关爱表现出来的，而男性对自己属意的女性直接以欲相求，这就是所谓的"女人由情而性，为爱献身；男人由性生情，为性而爱"。两性之间在性的表达和心理、行为上表现完全相反。这种差别看似和文化、伦理有关，实质上是和生理有关。在性行为上，女性是被动的，她不能主动"入侵"，所以她的性的主要表现为"引诱"，也就是从心开始下功夫，然后辅助以其他手段：身姿、穿搭、气味、声音以及其他感官信息。所以，女人的"情"可说是性的手段。对于女性来说，"情"常常就是"性"。当然，男性的"情"和"性"也有统一的时候。所谓的"爱情幻觉"只不过是由性需求而衍生出来的心理功能，不明就里的女人却把它理解成爱情。男性在性行为上有主动权，他的指向是明确的，不必为自己的性寻找保护和辅助手段，所以他们在"情"方面会显得淡漠些，这种现象便造成了"痴心女子负心汉"的文化道德批判。但是，这么说不是为男性性和情的分离进行辩护，性是动物性的，人是有情有性的，性和情的结合才是从动物到人的升华。感情的程度和感情的表达是人的文明程度的证明。

　　本案中，女方表述的情况，间接证明了她和丈夫的夫妻关系有重大失衡的地方，只是没有被意识到而已。

"爱情警犬"

为了保卫爱情,她说自己变成了"爱情警犬"……

个案阅读 小维的爱情探案

小维在咨询的前二十分钟里,不下三次说"他有什么好稀罕的,还不是靠了我爸的提携才走到今天的位子……"。和小维的恋爱关系确定后,男友担任了银行信贷部门的负责人。他是个追求成功的男人,进了银行后又继续深造,学习英语,为的是能够坐稳这好不容易得来的位子。小维是另一家银行办公室的普通文员,曾经是银行业"大咖"的小维父亲认为:女孩的工作就是该平稳而悠闲的,男生才应该是"拼命三郎"。小维是父母的独生女儿,骄横任性惯了,但是和男友确定关系后,完全变了个样子,很努力地哄他开心,小心翼翼地为他做事,因为她知道,男友是她好不容易才"爱"到的。不久前,小维明显感到男友的变化,虽然往来的次数没有减少,但是言语和情绪大不一样了,他总是像怀着心事,经常沉默,似乎在回避着什么。小维是心里搁不住事的人，常扯着他问缘由，然而得到的是更深的沉默。小维不甘心这样不明不白地受折磨，趁男友不注意时，翻看他的聊天记录，谁知迎面就是一条晴天霹雳："你是我心中的太阳。为了这份感情，我可以不惜一切……"小维晕头晕脑地查看消息，男友过来了。小维这次长进了，没有立刻去追问是怎么回事，她相信自己的竞争力和魅力，想自己去处理这个"桃色事件"。她又找机会去查看男友的手机，发现对方是他们都很熟悉的"钱里"时，反而不紧张了。在同事们的眼中，钱里是个"官瘾"很重的女人，惯于和领导搞关系，想必这次搞到男友这里了。小维并没有很放在心上，但是在男友生日那天，她发现了男友的钥匙圈上有一只印着"LOVE"（爱）的血红色的心形挂件时，忍不住了，问他要来细细查看，背面还有"QL"两个字母，那不是钱里还能是谁。小维大声叫唤着要去找她，他说这和钱里无关，却拒绝回答是谁送的礼物。男友说他有权保持沉默，并且威胁小维，如果无事生非她将负全责。小维想想也是，他们还没有结婚，自己确实不适合找别人理论。小维噎住了，但是她也由此有了"病根"，习惯性地想象男友在外面与别人暧昧的情景，习惯性地"侦探"他的行动，当然也包括他的聊天记录，希望找出证据，与他"决一死战"。

　　他们是恋人，聚散无度，但是男友的日程小维是了解的。他每周一三五晚上和同事去运动，周二四晚上在办公室加班顺带做些功课，周六整天学英语，剩下的日子包括晚上以后的空闲时间才轮得到小维。为了确证他的"外遇",小维曾经多次跟踪过他周六学英语和下班后的运动,也常常在下班后打电话到办公室"查考勤",事实上并没有意外情况。小维想,难道他们是"柏拉图式"的恋情吗?查了通话明细后,小维发现他一个月和钱里通话达15次之多。小维的愤怒终于找到了出口,她叫嚣着要找钱里算账,骂钱里是个"官妓",可是男友死不认账,坚持说她无中生有……他的沉稳给了小维几许希望,她心里本不愿相信这是真的,便不顾涕泗滂沱,紧紧地拥住他,哀求他不要放弃这份感情。他看小维的眼光是迷惑而游离的,他没有办法战胜自己的紧张和沮丧,他拥着小维的双臂是敷衍的,毫无激情。小维一定是感觉到了,她突然厉声说:"你不可以这样不忠诚,你拥有的一切都是我带给你的,你该想清楚其中的利弊……"

那曾经出现过的一丝犹豫和歉意消失了,男友的双臂滑落下来,他的心关闭了,言语是多余的,沉默总是最绝的行为语言。

又气又急的小维把他抱得更紧了,可是女人是不能够"霸王硬上弓"的,任她怎么矫情,他还是没反应,小维觉得自己受了羞辱,松开手哭着逃了出去。

心理分析 不能选择的困惑

这一切本可以很快结束,但是他们走不开合不拢。小维说,自己实在太爱他了。她身边的朋友几乎都说她傻，不明白她为什么非吊死在一棵并不怎么样的树上，她自己也不明白。他想必也是不知道原因的，但是他知道小维离不了自己，所以他可以"折磨"她。他明白折磨一个为爱苦恼的女人太容易了，什么都不必做，效果比什么都好，妙处就在"不做"：不理她、不哄她、不给她好脸看、不给她任何理由……这就可以"磨垮"她！他的拈花惹草也是一种心理战术，可以使自己更主动。问题是女人的心有点儿像小鸡，可以跟着一把米跑，而看不见其他，因为她认定了那把米。小维搞不清楚男友究竟有什么问题，就死着心等着他。我一直告诫小维："没有证据，就假定他是没有问题的。恋爱中的人的感觉是不可靠的，常常因为对爱情贪得无厌或者缺乏安全感而神经紧张。"

星期六早上，在小维家里，他们正准备出门，电话响了，是男友的同事找他去单位开会。他说有安排，请假不去了。挂了电话，小维看了来电显示：天啊，居然是那个让她刻骨铭心、受尽刺激、魂魄不安的电话！"这是怎么回事？为什么钱里名下的电话变成了这个女同事的？"

男友也愣住了，什么话也说不出来。小维却突然颤抖起来，说："原来这一切都是你设下的圈套，你'栽赃'钱里就是为了转移我的注意力，好放手大干呀……"小维歇斯底里地大哭起来，她越想越惨，原来他雷打不动每周三次去运动为的是和她去约会……学习英语，不过是增加交往机会，难怪他是那样起劲，一次不落，小维还苦苦侦查，怕他去和别人约会……

这回他是真蔫了，他没有想到突然之间情势急转直下，他成了完全的理亏者。同样是沉默，但是他的意志动摇了，不再是胁迫对方，而是无话可说。

暴风雨过去了，心里的洪水仍在翻滚，小维不知道自己是否该再接纳他，她不知道以后应该怎样面对他。他的心里在酝酿着"革命"，他希望能够趁此时机结束关系，他预感自己受不了总是处于弱势地位。

心解密码　"仗势爱情"中的心理问题

"灰姑娘和白马王子"的爱情童话至今仍然备受欢迎，暗示着许多自以为卑微的女人，唯有爱情才能使自己步入天堂。同样是地位反差，七仙女和董永的爱情传说虽然美好，却以悲剧结尾。这其实是男权文化的产物，宣扬只有男人可以拯救女人，而男人是拒绝被女人施以恩惠的，经典论断如"贾府的焦大是不会爱上林妹妹的"。然而，假如林妹妹真的动了心，焦大未必能受得住。在我看来，无论男女，用门第作为条件，强化个人的社会身份都有"仗势爱情"之嫌疑，而这无疑是真正爱情的障碍。

女方"仗势"的障碍

出身较好的小维爱上了平民出身、寒窗苦读的男友，她知道对方是她所爱的，然而她不是以诚爱感人，而是以利益为诱饵来圈住他。她不但这样想、这样做，还生怕对方不知道而以各种方式告诫他。在她看来，这是公平而可靠的，但事实上这恰恰是亲密关系的障碍。试想一个男人时时被暗示自己是在借女人的光，他的心情会如何。这样的话，常常是女方对他越好，他越退缩，他会因为觉得自己被"胁迫"而有羞耻感。小维之所以这样认为是因为她对自己没有信心，以为这可以增加自己在爱情天平上的筹码，却不知这是适得其反的。这种心态是小维受尽爱情折磨的根源。

男人的扭曲和反击

男性比女性确实有更高的生存能力，这体现在他们能兼顾精神和物质的需求。也有一些男性不排斥"高攀"女人，期望以自身的品质赢得对方的青睐，例如宽容、温情、呵护和尽情尽性。但是这里面有一个悖论：男人做得越好，女人越满意，她的控制欲就越强，女人无一例外害怕失去。在开始时，男人被女人的爱情和依赖感动，表现出更大的激情和温柔，而女人的要求比男人的努力增长得更快，当男人发现自己的努力永远不能使她们获得基本的安全感时,他们由勉强自己变为挫折对方,为曾经的扭曲复仇。这种反击的方式是多样的:冷漠、指责、动物性性交,或者耍赖、装糊涂,最严重的是以"外遇"来打击女人。

侦查和控制的负面效应

撇开追逐的心理根源,单就追逐侦查这样的行为,也会给正常的爱情造成诸多困扰。

不良暗示。使他感觉你非常在乎他,因而情不自禁地做出惹你生气的行为,甚至可能形成习惯。

诱导。由于经常问他"是否有过'出轨'行为",反而容易唤醒他尝试的意识,他的心理动机是:既然你能想到,想必已有心理准备,我为什么不可以……

条件反射。你的叮嘱和提示像广告一样使他产生"条件反射",只要有合适的场景,他会产生联想,甚至会有实际行动。

自我平衡。因为被追逐侦查,所以他厌倦、失衡,一有机会就想做些什么,没有机会也会创造机会,让自己平衡。无论你是否知道,他自己心里很得意。

逆反。当他感觉到你太过分时,他一般不会像女人一样与你论理,而是用行动来表示自己的不满,他会产生"哪壶不开提哪壶"的逆反。男人都明白,对女人最大的打击是对"爱情"的不忠,于是他真的那样做了……

别当爱情"救世主"

建立真正平等的爱情。爱情是两个人坦诚相待,不但身体是赤裸的,灵魂也是赤裸的。在爱情中附加的东西越多,关系越沉重,破裂的可能性越大。尤其是当高低贵贱被带入爱情中,破坏性最大。

别"乐善好施"。不要去扮演"施与者",施与的冲动是破坏爱情平衡和正常关系的要素。

别让自己依赖爱情。"救世主"心态是想造成别人的依赖,事实常常相反,结果是自己成了依赖者,给别人的越多,自己失去的就越多,不可收拾了,就折磨自己。爱情再好,也是双方的努力,对方不要了,就赶快撤退而不要犹豫。

控制和侵犯

具有侵犯性的求爱者关注的不是爱情本身，而是由不安全心理操纵的支配欲和控制欲，他们缺乏和爱相匹配的持续的激情和承担责任的能力。

个案阅读 被追逐的烦恼……

一年半以前，外籍华人黄先生来到白铃所在的公司，担任部门的业务主管。他正当而立之年，美国名校毕业，自视甚高，对同僚不屑一顾。白铃从他高傲的目光中，可感觉到他明显的轻视。白铃心中不免失衡，偶尔面对，也是冷眼相待。黄先生却格外"青睐"白铃的"白眼"，在她的面前，黄先生竟像乞怜的儿童。白铃宁可他是高傲的、冷酷的，也不要他像现在这样卑贱。半个月过去，他神情委顿，像是被"电"过似的。再往后，白铃时常在没上锁的抽屉里和其他触手可及的地方收到他的信。看头几封，她只觉得好笑：他竟像赞美花季少女似的赞美我，却不知我女儿都已两岁了。然而黄先生的信越写越多，他不但知道她的情况，并且誓言：他的爱能超越一切，无论发生什么，他都将以自己的方式爱她。无论黄先生怎样努力，白铃总是铁石心肠，看都不看就把他的信扔进一只大塑料袋里，心中愤愤地想：你也配爱我吗？

白铃说，他就像一条忠实的狗，无论白铃怎样对他，他仍一如既往，怀着谦卑的心情，带着哀怜的神色，不离不弃地守候着。他的业务能力特别强，只要一发现白铃有什么难处，他就像一只弹簧，噌地弹出去，帮她把一切处理好。白铃可以在情感上与他界定距离，却难以在工作中拒绝他的帮助。白铃的丈夫常年出差，黄先生对她们母女在生活上的关爱照顾是任何一个高级保姆所不能及的，那种周到、妥帖，完全是亲人的感觉。

白铃觉得自己是讨厌他的，但是由于黄先生步步紧逼，白铃的内心多少有些躁动，下班后更多时候躲在家中，而不愿与黄先生交往。那天夜晚，黄先生站在她家的院子外打电话来要求上楼，白铃坚决地回绝，谁料他说他将在这里站一个整夜。路灯光清晰地映照出他沮丧的身影……她慌了，不得已扭曲自己，让他进家门。他进来了，他们喘息着，迷惑于自己的狂乱，怔怔地看着对方，竟不知所措……正逢其时，门被打开，因为做销售总监而经常出差，一年难得回家几次的丈夫回来了。瞬时，三人面面相觑，无话可说。还是黄打破沉默，勉强打了个招呼，尴尬地离去了。

看着白铃因紧张而苍白的脸，丈夫并没有询问，白铃后悔自己不明不白地涉嫌，又恨黄先生苦苦相逼，她是深爱着自己的丈夫的，可是，今天这样，她又该怎样洗清自己呢？

黄先生的无微不至让白铃感觉欠了他很多。自从看见了白铃，黄先生感觉自己失去了自由，活着的意义似乎就是为了爱她。来公司时，他刚刚结婚三个月，可白铃使他忘记了所有，他陷入狂乱状态。在他的强烈攻势下，白铃的焦躁、迷惑使他产生了负罪感，当他遭遇白铃的丈夫时，这种感觉更强烈了。"我要离婚！"黄先生坚决地对白铃表示。"只要你自己愿意就好。"白铃幸灾乐祸地想。从此，白铃成了黄先生心目中的"女王"，黄先生则成了白铃生活中的随从。黄先生对白铃母女越来越好，白铃却为所欲为，不平等的关系形成了，白铃对黄先生的依赖模式也养成了。白铃自欺欺人地想："反正我不爱他，他做什么都是咎由自取。"

不久，公司接到黄先生妻子的来电，说黄先生最近正在与她闹离婚，并询问他在公司是否有什么情况。公司因此进行了调查，知道了他们的特殊关系。"你给我滚回去！"面对巨大的压力，白铃简直失去了理智，黄先生却十分绝望地说，他也只能"滚回去"。鉴于他们的状况，公司已决定把黄先生调到其妻子所在地的分公司。公司表态说，为了他的家庭，只能这样做。"这下总算了结了。"白铃深深地叹出了一口气。噩梦般的苦役将结束，她将开始新的生活。他要走了，可她仍不明白，为什么这个讨厌的家伙，会牵涉自己如此多的精力。

心理分析　公主变成"爱情奴隶"

该走的人走了，白铃紧绷的心也松弛了下来。丈夫仍是日夜不归，没了心事，白铃便觉得百无聊赖，夜晚闲暇时，她翻出黄先生的"情书"，浏览着以度寂寞。

"哇！他怎么会有如此深情、如此忧伤，而我长期以来又怎么会如此漠然、如此残酷！仔细想来，我已有好长时间根本就没有拆过他的信，而他却一如既往，深情不改。"想到这里，白铃看不下去了，走到露台上，遥望着南方的天空，心中一片怅然。

周末和女儿外出，她会明显感觉少了个人；平时在办公室里，她又觉得少了个助手，甚至是少了个业务主管。现在她逐渐体悟到了他的苦心，为了在事业上帮助自己，黄先生竟可以去钻研白铃的业务范围，其结果是他的业务水平远远超过了白铃，从而给她以极大的帮助。有时，白铃似乎觉得是自己亏欠了他，但她立刻自我安慰："这是他愿意的，与自己没有关系。"虽然这样想，但白铃的心脱离了意识的控制，无论白天黑夜，他的身影死死地在白铃的头脑中纠缠，使她一天天憔悴、一点点委顿，她的心被黑暗笼罩。

随着日子的流逝，白铃日渐焦躁、暴怒、恨他、想他，恨不得拽住他咬上几口。极其矛盾的心理、极端矛盾的情绪在她心里引起剧烈的冲突，她的心成了水火冲突的战场，眼看就要崩溃了。她放弃了自尊，飞到了他所在的那个南方城市，声称自己恰巧出差，希望能与他见上一面。

她憧憬的是他接到她电话时的惊喜和激动，她准备好的是施舍于他的慷慨。然而，白铃没有料到，他竟是吞吞吐吐、含含糊糊、畏畏缩缩，说出一堆难处来。遭遇这样的打击，白铃防不胜防，只觉得天旋地转，她病倒了，躺进了医院的急诊室里。

男人和女人的区别在于，男人因为没有得到而焦虑，而女人因为得到而焦虑。男人怕得不到，女人得到了怕失去，男人的痛苦在前，女人的痛苦在后。

很多人在很多时候想到过死，但是求生的本能会找出很多理由，让自己继续活下去。在众多病人痛苦的呻吟中，白铃求生的本能苏醒过来，支撑她活下去的理由很简单，就是仇恨。她发誓要报仇，要为自己讨还公道。此时，白铃仍然是充满矛盾的，她不理解自己究竟是爱他还是恨他，是讨厌他还是需要他。正是这种冲突使她爱恨交加、进退两难。

心理解码 需求和爱咫尺天涯

事发前后，白铃确实想了很多，她不明白自己是不爱黄先生的，却接受了他的援助，并且禁不住他的进攻，和他发生了性关系。明明自己是讨厌他的，为什么却赶不走对他的思念，并且追他到天涯海角。

在讨论她的问题前,我们必须先了解他们关系的意义,以及形成这种关系的心理路径。在意识层面,白铃觉得自己从未爱过黄先生,然而她又非常需要他。确切地说,处于这样的生活状态,她需要一个像黄先生那样在工作上指导她、在生活上关照他、在心理上呵护她、在情感上满足她虚荣心的伴侣。白铃和丈夫之间的爱,已被时间锤炼成了抽象的意念,已是她体面生活的符号。丈夫常年不归,使她荒芜已久,在这个时候,有个愿意像工具般的、全方位地满足她的综合需求的人,她又怎能逃脱得了这种诱惑!别说黄先生是个才华出众、殷勤周到的人,就是一只宠物,也能获得寂寞女人的青睐。这原本是可以理解的人之常情,可白铃是个有原则的人,因感到自己可能被诱惑,为了抵抗、为了自卫,她以轻视、否定的姿态傲然对待黄先生,试图与他界定距离。白铃并不知道黄先生是一个神经质的、有受虐倾向、有严重心理冲突的人。白铃的抗拒对他是一种极具刺激的挑战,激起了他前所未有的征服心,于是他以受虐的方式不懈地进攻,而白铃却以高高在上的姿态渐渐地被征服。在整个过程中,他们的心态在向两个极端转换,黄先生通过服从而养成了白铃的颐指气使,并使白铃因受宠而习惯了依赖。当黄先生"受虐刑满",心态趋于正常时,白铃却因为依赖而离不开他,从而感到严重的失落。由此,我们也就理解了白铃"失恋"后的心情。然而,她对自己是不了解的,她不习惯从"女王"的位置上坠落,不愿正视自己极其需要黄先生的实际情况,所以她激愤地说道:

"我不愿忍受他的背弃，我渴望像以前那样地控制他！"

黄先生和白铃展现出来的其实都是控制对方的需求而并非真实的爱，这是以爱为幌子的病态的需求，它的特征是完全为了满足自己所谓"爱"的需求，而不顾对方的意愿。黄先生的表现是把多余的缠绵强加于人，因此具有"爱的侵犯"之嫌。病态的求爱者常常是自卑的、感觉不安全的，他们需要通过征服特定的目标来克服自卑，偏执的爱的需求既是病态求爱者的心理体现，也是他们借以自疗的工具。因此，一旦目标被征服，他们的心病解除了、动机消失了、激情没有了，他们的状态就正常一些。病态的求爱者关注的不是爱本身，而是由不安全心理操纵的支配欲和控制欲，他们缺乏和爱相匹配的持续的激情和责任能力，所以黄先生可能被动地回来，却再无可能像以前那样"爱"她。白铃默然，未愈合的伤口又被触碰了一下。

一般来说，白铃已经度过了死亡的危机。死亡的危机更多出现在顶风而上的挣扎中，那时人会憋着一口气，孤军作战，不求外援。一旦冲到了顶峰，再下山时，他已调整过心态，虽然他可能很绝望，却有了一定的心理准备。但是，下山的路他已走不动了，他需要扶助和支持。白铃靠着自己走出了绝境，但她仍需要有人来扶持。

白铃为什么最终成了黄先生的俘虏，最大的原因是她的婚姻处于"盛名之下，其实难副"的状态。所有的人包括她自己都认为他们夫妻恩爱，但事实上他们的爱因长期分居而日渐流失，进而徒有其表。不能被意识到的问题才是真正的问题，不自觉的行为是造成心理冲突的主要原因，白铃的痛苦就源于对自己不了解导致的行为失控。

在等待的女人

"爱情"这个词对男女两性有着完全不同的含义,这是在他们之间引起严重误解乃至冲突的根本原因之一。拜伦说:"男人的爱情是与男人的生命不同的东西;女人的爱情却是女人生命的整个存在。"尼采则认为:"如果有些男人也产生了那种为爱情抛弃一切的欲望,我敢保证,他们一定不是男人。"

男人还是昨天的男人,女人却非昨天的女人。今天的女性将如何面对她的情人……

个案阅读 今夜他会不会来?

樱穿着黑色的紧身上衣,衣襟上别着精致的胸针,脸上略施脂粉,身上散发着淡淡的香味。看上去很自信的她提出的问题却与所有的女性相似:"他会不会再来,我还要不要等他?"

樱是个单身母亲,只30多岁,却已离婚六年。"我不是为前次婚姻而来,那早已成往事,不提了,虽然也是他负了我……

我当年是单位的团委书记,尽全力扶助他当了领导,他的心说变就变了……"樱是个刚强的女人,多年来,她强打起精神,硬撑着过来了。一年前,同学聚会时,她倾吐了心中的委屈,不期引来一段痛彻心扉的恋情。在那次聚会中,樱是同学中最不幸的,在某公司当业务主管的涛却是大家公认的幸运儿。他娶了一个貌若天仙的妻子,生了一个天使般的女儿,妻子是某外国公司的首席代理,常年在国外奔波,足迹几乎遍及全世界。涛的生活令同学们艳羡不已,闹着要去他家参观,说是为了沾些福气,讨个吉利。涛不无得意,对大家许诺,将择个吉日通知同学们"光临寒舍"。

隔了三天,樱果真接到了涛的电话。"他可没食言!"樱惊喜地想。她对着镜子拉拉扯扯、涂涂抹抹了许久,才兴冲冲地出门。进了涛的家,樱有些羞愧,她是第一个到的,她忌讳自己是单身母亲。

"没有别人了,今天只有你一个。"涛怪怪地说。见樱有些尴尬,涛又说:"别人都挺忙的,只有你可能寂寞,所以我冒昧请你来。"

樱这才知道,涛也寂寞。妻在天涯海角,女儿由外婆家精心呵护,他一个人独自被"锁"在城乡交界处的别墅中。

这别墅可算豪宅,居室格调也不失高雅,可此时涛的神情与环境格格不入,他没有了人前的矜持,却流露出惆怅与忧伤。经他细说,樱才明白,他虽披着一件华贵的外衣,心中却有难言的苦衷……妻子常年在外，身和心早就不知飞向何方，她用高于涛收入几倍的钱把涛拴在豪宅中，又把照顾女儿的责任丢给他，让他扶老携幼，做一个"管家公"。涛的妻子对这种生活状况非常满意，而思想较保守的涛深觉耻辱，又无可奈何。他耻于被妻子忽视，却又无奈于对"心理优势"的依赖：当人们认定他是个幸运儿而对他礼赞、膜拜时，撩开金羽衣，露出心中的疤痕是需要极大的勇气的。何况，膝下的女儿有过安定、富贵生活的需要与权利。他曾经多次对自己说："为什么我要葬在这'富贵墓'中呢？我有享受生活的权利。"可是，他的教养与道德早已捆绑了他的手脚，使他动弹不得，只会胡思乱想……

樱听得大气也不敢出，生怕惊扰了悲愤、忧伤的老同学，心想他"原来同是天涯被弃人"。

涛又说："自从遇见了你，我的心变得柔软起来，你的遭遇、你的自信与勇气，让我也有了精神。谁都会遭遇不幸，这不是我们自己可以掌控的。"

望着涛亮闪闪的眼睛，樱忽然间感到了紧张，手心里渗出了津津的汗丝。多年来，她早已把心门关紧，不让感情的微澜流进心中，可是今天太突然了，她猝不及防，眼神里露出了别样神情，情思和着汗丝一阵阵往外冒……孤男寡女，苦情悲意，两心趋近竟使这"富贵墓"人情缠绵、活力四射。

"我们有追求快乐的权利"，他们在这样对自己说的时候，道德的枷锁滑落了。他们以为，自己不但找回了自信，还找回了勇气。在很短的时间内，涛便下了决心，准备找一个合适的机会，与妻子谈离婚的事情。

心理分析　"心病"和"心脏病"

"离婚"，这不能算是涛明确的承诺，却也可说是一种委婉的暗示。对此，樱虽不敢有全心的期待，偶尔的奢望却在所难免。即便如此，失望仍难免一次次地累积在樱的心头。失望之一，是他在自己面前常念叨"离婚"，妻子一回来，他便默不作声，直到妻子走后的一段时间，他连个说法也没有。樱常为此烦恼，不知自己是否要相信他，也不知自己是否要继续虔诚地关怀他、思念他。失望之二，他突然生了一种莫名其妙的病，一发病就要看急诊，甚至住院，不发病时又不像个体弱的人。医生初步诊断是心脏病，涛的临床症状全都符合，可仔细检查了心脏及其他器官都无问题，这病来得猛去得快，令医学专家十分困惑，更令樱疲惫不堪。涛家中老的老少的少，他病倒了，全仗樱在奔波调理。樱是单位的财务人员，工作繁忙，家中尚有孩子需要照顾。涛病倒后，她的身心压力都很大，尤其是心理压力。她常常想：心脏病与心病有关吗？想到了这一层，她就明白了，因她发现每当涛的妻子回家时，他的病就发作得厉害，死去活来，闹得所有人鸡犬不宁。医生们不甘心自己的"失败"，继续为他会诊，最后终于确诊，他的心脏没有疾病，他的"心脏病"是心理因素的作用。遵医所嘱，樱又领着他去看心理门诊，做了一系列心理测试，涛被确诊为"抑郁症"。涛住进了医院的康复病房，樱终于可以松一口气了，三天两头来探望，却不必日日夜夜地陪伴。

康复病房收费很高，但环境很好，年轻漂亮的护士小姐川流不息地殷勤护理、悉心照料，涛的心情与气色一天天地好转，樱由衷地欣慰。周末的午后，涛说："护士小姐说我需要运动，我去舞厅活动，行吗？"

只要涛能快乐、能早日康复，什么都是好的。

涛出院后，神情开朗了，面色红润了，康复病房与舞厅疗效神奇，但是樱觉得自己得病了，她变得神经过敏、焦虑不安，因为涛的电话越来越少，打个照面更是难得。樱还了解到，涛出院后与护士小姐的"舞缘"还在持续。偶尔他俩相会，涛正襟危坐，难堪地沉默着，那种神情好似日薄西山，气息奄奄。

心理解码　心理冲突和心理疾病

"我有什么不好？我做错了什么吗？"樱哽咽着问我。

没有谁不好，这件事的结局本该如此的，只是樱对它抱有幻想而已。我们的身心、行为，被已经形成的心理路径规定着、制约着，而我们的努力、反抗往往是徒劳的。

假如我们认定涛的病是心因性的，纯粹是心理上的而非生理上的，我们就要先了解他的冲突与恐惧是什么，他的心理路径又是怎样的。

涛对婚姻是不满的，但他缺乏修复能力，也缺乏解构的勇气，这种困境造成了他的冷漠、抑郁与颓废。樱的出现给他的心注入了活力，支撑着他面对现实，得以反观婚姻问题，并形成了"离婚"的意识。樱对于他更多的是精神拐杖与救命稻草的作用，让他借了一把力，步出心理困境，但是他对完全接纳新的感情又没有做好充分的心理准备。他不愿意让自己落入更深的矛盾和冲突中进退两难。涛的心理障碍的产生，源于这样一个焦点冲突：他害怕离婚，但更害怕与樱结婚，然而离婚的动力是因为樱的出现。这种冲突源于一种认识偏差：他以为自己是爱樱的，但随着交往，他发现樱并非他所爱的，可他又怎能对樱启齿呢？离婚是难，离婚后不与樱结婚更难，连他自己心理上也过不去，又怎能与樱去言说呢？在这种情况下，生病是最好的逃避，既可以逃避与妻子谈离婚，又可以逃避与樱谈结婚。于是，他陷于一片混乱之中。在意识到走投无路时，潜意识就以它特有的方式来干扰，这种查无实据的"心脏病"是心因性的、癔症型的。他通过这种方式，暂缓矛盾以求自卫。涛与护士小姐的"舞缘"，更是一种移情，在一片混乱中，他本能地寻找新的刺激，通过移情回避困境，以求支撑自己，转移矛盾的焦点。

涛的性格、认知与心理决定了他会做出那样的行为，也决定了樱的爱情会落空。持续不断的心理冲突是产生心理疾病的温床和心理问题的表现。明白了涛的心理脉络，樱可以想他、念他、牵挂他，但不必再等他，今夜他未必会来，即便等来了也不甚可靠。

古往今来，无数女人在等待中度日如年，红颜憔悴。女人执着地等待，是她以为自己没有错，以为心诚能使顽石开花。然而，在男女特定的关系中，难用是非对错来评论，更多的是心智、意志、情感、方法的较量与契合。有时，等待是值得的；有时，等待是徒劳的，究竟什么是对自己好的，女人心中其实是雪亮的，除非她故意与自己过不去。

身体和精神,爱情天平往哪边倾斜?

当人类的精神体验可以比拟两性之间身体交流的快意时,精神的翅膀可以把我们带到任何地方……

个案阅读 爱,并寻觅着……

美丽的月儿聪明能干,属于人群中一眼就能被注意到的那种女孩。从高中时代开始,亭亭玉立的月儿就经常收到男生的"小纸条",但她内心很清楚学习的时间有多么宝贵,月儿从没有对向她示爱的人多看一眼。顺利升入理想的大学后,她开始左顾右盼,想有一个浪漫的大学生活。英俊潇洒的辅导员是众多女生心中的白马王子,只可惜已有女友。自信的月儿没把任何通向目标的障碍放在眼里,一年后,辅导员成了她的男友。那时候的大学虽不认同师生恋爱,但也没有明令禁止。晚饭后,月儿与辅导员并肩散步的身影惹来众多同学羡慕的目光,月儿对此甚是得意。

大学毕业前夕,她想了很久,还是决定与辅导员分手。辅导员懒散的性格和与世无争的心态,决定了他只愿待在"象牙塔"

里做做研究、搞搞教学,这与月儿同时拥有丰富多彩的精神与物质生活的理想相去甚远。分手是伤心的,相拥着哭过几次后,她坚定地离开了。

平静下来的月儿自以为曾经历过情海波澜,用更冷静、更挑剔的眼光审视着周围追求她的异性。一个偶然的机会,她认识了阳光。他有爽朗的笑声和稍显粗犷的外表,还有白手起家已小有成绩的事业,似乎一切都符合月儿的标准,矜持的她还是让阳光追求了六个月才答应嫁给他。

婚后一年,儿子出生了,阳光的事业也因月儿的出谋划策而蒸蒸日上。抱着心爱的儿子,看着在外叱咤风云、在家对自己呵护备至的阳光,月儿觉得自己当初的选择是明智的。月儿对婚姻唯一不满的地方,就是夫妻的性生活太简单。忙碌惯了的阳光做所有的事情都急急匆匆,偶尔做爱后倒头就睡。月儿内心很不满足,暗示过几次,阳光会好一段时间,但是他本性难改。早春时节,黄色的迎春花开了一地,猫儿肆无忌惮地在窗下叫春,月儿因爱情悸动而难以入睡,但是她不想惊扰丈夫,悄悄地走入琴房,弹奏最爱的《渔光曲》。不知不觉,她的泪光在月色下迷蒙斑斓……令月儿欣慰的是,自己仍然爱着他,她的心情是忧伤的,身体是寂寞的,灵魂仍然被他感动……

阳光的事业越来越红火,月儿也学会了休闲和娱乐,会与一大帮朋友一起去衡山路的酒吧聊天,大声欢笑,大杯喝酒。尤力是朋友中年龄最小的,也是最安静的,每次大家大笑时,他至多就是微微笑，也很少开口讲话。尤力清秀的脸庞和忧郁的眼睛让月儿回忆起辅导员。听朋友说，自从尤力的女友嫁给英国人去了欧洲后，他就再没有恋爱过。月儿听了这件事以后，心中疼了一下。参加每隔一周聚会的朋友逐渐变得越来越少，在一个雨夜，尤力送月儿回家时，终于走进了她的家门，走进了她的感觉里，走进了她的身体……一切都发生得那么自然，每次与尤力在一起时，月儿的身体自在放松，他非常照顾她的感受……月儿常常会觉得小自己五岁的尤力像是自己的大孩子，她喜欢照顾他的饮食起居。

从此，月儿有了许多的不安和内疚。阳光还是一如既往地依赖她，天天相处，见到她有时还会兴奋得脸彤红。有了尤力的爱作为补充，月儿感觉自己更爱阳光了。只是在月色下，躺在孩子般单纯的阳光旁，她会想起尤力的温柔和细腻……月儿为此惶惑，也不想永远这样矛盾地生活着，她也不知该怎样理解自己。月儿走进了咨询室，期望理解自己，知道将来的路该怎样走。

心理分析　关于性快乐的权利

月儿的角色是"辅助太太"，这是一个犹如"垂帘听政"般的家庭里的"西太后"。"西太后"决策家庭财政，掌控夫妻公司的发展命脉，决定员工的前途。虽然她们身处幕后，和全职太太一样,什么职务也没有,但是她们是丈夫事业上的辅助者,更是他们心灵的支柱。

身在幕后却能运筹帷幄,这是女人极大的荣幸,也是很多女人的追求。有些女人把结婚当作第二次投胎,其潜在愿望就是通过婚姻改变境遇。婚姻是个人的社会行为,它不同于单纯的爱情和性。在婚姻的框架内,身体和精神往往难以两全,或者说是互为悖论。某些不能满足的欲望,容易产生极端的心理感受,这种感受是因期待、幻想、时时的揣摩而产生。在现代生活中,心智优越的女人可以得到荣誉、地位和物质,却不容易得到爱情和性的满足。出现这种情况的原因之一是男性和女性有一个区别:女人因为仰视男性而激动、兴奋,而男性则习惯接受被女人依赖、崇拜而快意、满足。所以,聪明能干的女人往往情场失意,而"傻女人"一边嗑瓜子一边看女强人受爱情之苦。男人是更愿意被普通女性管束,因为那样的女性按最朴实、最传统的方式行事,很恰当地满足了男性希望适度地被管束的心理特点。

月儿是一个引而不发的强势女人,丈夫在心理上成了她的孩子,她像母亲那样无私地爱他,但是无法排解身体的寂寞。她的"出轨"是对自己的"拯救",也是对丈夫的"开脱"。既然他不需要,月儿也没有剥夺他什么,即使是有伤害,也是无法言说和举证的,是在难以捉摸的精神层面上的。事实上,精神层面的缺失,我们可以通过认知的方式来调整,然而身体层面的缺失无可替代,即便有性工具,但那和人体是完全不一样的。道德是可以调整和压抑身体需求的，但那是以身心压抑为前提的。

部分性学研究人员引进了关于人"性快乐的权利"，可以理解为这是在特殊情况下对特殊情况的补偿理论。这应该是在主流价值的框架之内的，是在不伤害人的前提下的，比如月儿在性方面压抑，她找了一份补充，虽然是在爱的面纱下，其本质是偏重欲望的，但是她最终还是选择了精神之爱。在情和爱的方面，在现代人的生活中，原有的道德伦理已经不够用了，新的观念还在发展中，怎样去走自己的每一步，别人很难指点，只有自己最懂得自己。在存在矛盾、冲突的时候，应当遵从一个很宽泛的原则：把别人的利益和自己的利益一起权衡，而不是仅仅考虑自己的好恶。也许这才是令人感觉安全的。

心理解码　《廊桥遗梦》——逃避自由逃避爱

四天的爱情令麦迪逊桥畔的农妇弗朗西斯卡抱憾终身，同时也使摄影师罗伯特·金凯魂牵梦萦，追寻一生。这就是《廊桥遗梦》这部小说留给我们的惆怅。

假如我们撇开故事中人物的情绪，有许多问题值得探讨与追问：弗朗西斯卡在逃避什么？金凯的禁忌又是什么？是什么使他们萍水相逢便一见钟情，热烈地燃烧？又是什么使他们浅尝辄止，见好就收？通过这个伤感的爱情故事，我们看见了潜藏在男女主人公内心深处的恐惧，那是一种对自由与爱情的恐惧。

　　人的精神与意识有着本能的、渴求自由的欲望，爱情是实现这种自由的手段之一。被爱的感觉给了我们存在的价值感并使我们勇敢，爱他人则使我们充分地满足了情感与能力的要求。两个真正相爱的人可以超越生死，两颗真正燃烧的心可以短暂地获得超越时空的永恒，那是精神生命的追求目标。然而，人不仅有精神，也有身体与四肢，还有一个需要营养的脑袋，正是这个沉重躯体的需求，制约着精神生命无止境发展的要求，使人悬崖勒马，使人的幻觉破灭，使人回到现实生活。

　　也许，偶遇的摄影师给了沉默的农妇从未有过的爱的感觉。她是可以选择跟着他私奔的，可是她最终没有去，她选择了自己已有的安全、体面、世俗的情感与既有的一切，而放弃了对她而言是实现爱情的唯一机会与可能。对于一个女人，孩子、丈夫、家庭是她传统心理上最习惯的东西，假如没有这些东西作为她生命中的底蕴，那种爱情便失去了存在的前提。至少，它不可能像故事所描述的那样动人心魄。假如弗朗西斯卡随着金凯而去，彻底实现了自己的爱欲，彻底获得了追求爱的意志的自由，她的灵魂解放了，她也会失去支撑生命的基础，心灵会因生命难以承受之轻而失衡，而失去依傍。令她恐惧的正是这种害怕失去世俗生活常态的孤独。

　　世俗的生活难免使人有压抑感，彻底脱离了它会使我们因空虚而恐惧。世俗的生活与传统的习惯对我们的生命实际是有保护作用的，徜徉其中使我们有难以言说的欣慰，因为它给了我们安全感。违背日常模式的生活，寂寞的心灵经过想象的乔装打扮分外诱人，它可以是沉闷的现实生活的一缕阳光，却难以彻底替代现实生活，所以它成为人类永远憧憬的海市蜃楼而难以真正实现。

所以，弗朗西斯卡必然是要回归家庭的，金凯也必定会去旅行。刻骨铭心的爱情只是日常生活中的一道佳肴，是投向枯燥的生活之湖中的一颗钻石，虽然璀璨却难以永恒。

《廊桥遗梦》留给人们那样多的遗憾，因为有非常多的人想去浪漫一回而不得。文学与艺术的作用之一，便是替代性地满足了人们的潜在需求，人的生存本能则把人导向安全地带。世俗生活也许是随意而粗糙的，但这样的生活是真实的、可靠的、智慧的，并且是快乐的，因为人们的生活是以生存安全为基础的。

中外外遇心情比较

外遇是情感生活中扑不灭的篝火,假如我们绕不过去了,只能勇敢面对。在人类诸多错误中,外遇也许能算一个"美丽的错误"……

个案阅读 他的外遇可以原谅吗?

李金是某位首长的高级医学顾问,她的专业背景是医学和心理学的交叉领域,但是现在她自己也面临着婚姻的困惑。李金38岁,她的儿子已经12岁了,可是在儿子小的时候,她一直在为事业拼搏,很少有时间陪儿子玩耍。从新婚开始,比她大3岁的丈夫晚涛就一直以漂亮、知性又聪明的妻子为荣,他总是早早回家,希望能够和妻子相守在一起感受爱情的快乐。一直等到儿子出生,过了婴儿期、幼儿期,李金紧张的工作一刻也没有松懈过。她的事业直线上升,地位越来越高,专业越来越出色,可是她回家的时间越来越少。对此,儿子已经习惯了,晚涛经过职业调整也已经适应了。晚涛放弃了大学美术教师的工作,改做居家型自由画家，收入确实不稳定，但是他有了更多的时间陪伴孩子。

职场的成功使李金更加自信，容光焕发的她美不胜言，与之相反的是，晚涛却日渐消沉，他的话越来越少，心事越来越重。当他晚归的次数越来越多，和李金的话越来越少的时候，李金发现了其中的蹊跷。经过了解，她发现丈夫和一个大学艺术系的女生交往密切，那个女生既漂亮，又修养好，其父是大学教授。发现了这些，一向矜持的李金变成了"河东吼狮"，怒不可遏，她逼着晚涛一定要把事情说清楚。

晚涛很坦率，承认有个女孩崇拜他，把他当作偶像，而他自己也寂寞，需要被关注……

"你们现在到了什么地步？"在爱情危机面前，李金心情大乱。

"很知己，很亲密，还有点暧昧……"

"你准备怎么样？"

"一切顺其自然！"

"假如要你做选择，你会怎么样？！"

"让时间来做决定……"

"离婚！我要和你离婚，我这么辛苦地奋斗，你却这样对我，我一定要和你离婚！"

"哇……"儿子大哭着走进来，想必是听了一会。李金搂着儿子也哭了，她完全不知道自己该怎么办。晚涛低下了头，但是他没有屈服，说："我的心太乱，咱们不如先分开住，思量清楚了再说吧。"

李金上前一步拦住他，说："就算是分居也可以在一个屋檐下。你先别忙着走，为孩子想想吧！"

李金来我这里做心理辅导，倾诉了自己的心情，问了三个问题：①他已经走了多远？②他的心还会回来吗？③自己是否该原谅他？

经过多次电话沟通，晚涛最终同意做一次面谈。他和我在那间一半是玻璃一半是墙的小屋子里，倾心交谈了很久。在谈及夫妻感情、暧昧、外遇以及如何面对当前的夫妻关系时，晚涛说："假如她同意离婚，我也是想离婚的……"

心理分析　外遇使我们发现自己

很能干的李金在诉说丈夫有外遇时，她的神情是那样无助和沮丧，这是一个很明显的信号，说明她非常在乎晚涛，并且很爱他。而晚涛关于离婚的解释，也表明了他是不愿意离婚的。假如没有这样的危机，也许他们都难以像现在这样去认真考虑自己的感情，从这个方面去理解，外遇还是有一点点积极意义的。

在感情的忠贞方面，晚涛是走远了些，但是他没有走得很远，因为他还没有彻底伤害李金的心。

因为他的心没有彻底离开过，所以无所谓回来与否。

至于李金是否该原谅晚涛,李金的问题有点像穿着鞋找鞋,其实她早已经原谅了丈夫的"出轨":现在的李金很"乖"、很安静,早上为他端茶送饭,晚上帮他铺床叠被。她是必定要原谅他的,因为李金没有任何不原谅他的其他办法,她需要他。她所有的表现都在表达一个意义:只要晚涛能够回家,她既往不咎……

见了李金又见了晚涛,他们给我一个鲜明的印象,他们是一对想爱又不会爱的欢喜冤家。他们都很本能在为自己的爱使绊,以为这样可以占据主动地位。

晚涛不满意李金流露出来的强烈的优越感,他不满意自己被忽视的状态,他感觉李金一直是在心理上压倒自己的。但是他不理解,这是李金的"爱情策略":不给他好的感觉是为了使他有危机感,压倒他是为了得到他。这是"捉放曹"的心理游戏,也是李金为了保持心理优势而做的无意识的调整。

李金惊异于晚涛的"背叛",一贯服从自己的丈夫有了外遇,这把李金的心彻底搅乱,她没有任何心理准备。她不明白,正是自己的惶然使晚涛惬意,她的沮丧和无奈证明了她对晚涛的依赖。外遇只是一面镜子,折射出了各自真正的感受。晚涛带给她挫折是为了证明自己的价值,证实了然后把爱情还给她,他原本就是爱她的。

人们常常习惯批评而羞于说爱,以为自己心里明白就可以了。有一些人以为爱需要掩盖和保护,免得被牵住"牛鼻子"使自己处处被动。其实爱是需要交流和沟通的,爱情经过表达会变成无限多。掩饰自己的爱是对自己和对方的掠夺。

外遇是伤害人的，但是我们从它的背后看过来，也发现了积极的意义：这使他们调整了关系，更新了感情模式，唤醒了沉睡的爱情。

没有战争的时候，男人和女人在作战，这是一场终身的战争。

心理解码 外遇影片——《香草巧克力》

香草巧克力蛋糕这个引起香甜联想的点心只是意大利影片《香草巧克力》中前后关联的一个道具，是影片主角从青春期初恋至度过中年婚姻危机后，重拾爱情的见证。

这是一部以外遇为主题的影片，从影片中三个主角都有外遇这样的故事结构中，可以看出编导和演员倾力探索关于爱情、婚姻的伦理道德、价值观的努力。

女主角发现了丈夫有外遇，很愤怒地留下一张纸条和三个孩子，离家出走到外婆的老别墅去调整心态。在那里，她回忆起初恋时越过篱笆和当年的情人——现在的丈夫私会吃香草巧克力蛋糕的极其美好的场景。伴随着初恋快乐的沮丧，是她发现了母亲对父亲情感上的不忠，但是在关键时刻，她仍然以大声呼唤即将进门的父亲的方式，让母亲和她的情人免于尴尬。她的丈夫在照看三个孩子的同时，深深忏悔自己的"逢场作戏"，他给妻子写信，希望得到她的谅解。

在外婆的老别墅里，女主角被丈夫的诚意感动，她提笔给丈夫回信："既然你对我那样诚恳，我也把我的秘密告诉你……"

她是个钢琴师，两年前她在一个女学生家里教钢琴时，隔壁的画家爱上了她。在画家的坚持下，他们偶尔谈笑，但是她严守着底线，顽强地抗拒着画家爱的表白。一次钢琴课后，为爱焦虑、躁动的画家别出心裁地把车开到她的前面，放出了三个表达爱意的气球。瞬时街面上人声哗然，交通拥堵，她显然受了震动，被他的爱情感动，和他越走越近……

在家里，她读着画家的信，嚼着画家送的巧克力。在旅馆里，画家抱着她旋转，画家和钢琴师激情迸发，忘记了世界的存在，然而她清醒了！她感觉自己仍然深爱着丈夫，她急流勇退，不再和画家往来！整整两年，因为对丈夫的爱，她坚持着，然而丈夫的"出轨"强烈地刺激了她，使她非常痛苦。

丈夫对"出轨"的忏悔感动了她，她也以自己的忏悔使自己解脱，她以为自己超越了。在决定回家的前夕，她去看望画家，画家得了癌症，已经到了晚期！痛苦和悲哀像决堤的洪水汹涌翻滚，为曾经的爱和友谊，他们最后一次做爱，作为永远的纪念……

在家里，想到妻子曾经有情人，丈夫失魂落魄，他备受打击，不知该怎么办。好几次拿起妻子装着信札的木盒，却始终没有翻看，他知道那里装着画家的信。

报纸上登载了画家逝世的消息，画家和妻子的故事永远地谢幕了,丈夫才终于有勇气打开那些信。当他看见"我知道你是爱你的丈夫的,我永远无法和他竞争,我是那样失落……"时,他是那样激动!丈夫立刻赶到外婆的老别墅,在别墅旁的海滩上,他找到了妻子。妻子告诉他自己怀孕的消息。惊喜之余,他问孩子是谁的,当妻子说自己也不知道时,他欣喜地说:"是我的,因为我爱你……"

这是一个忧伤而美丽的爱情故事。

虽然深爱着妻子的丈夫没有管住自己,在外拈花惹草,却能够穿越最狭窄的"性专利"的心理,接受妻子怀着的别人的孩子。深爱着丈夫的妻子,毅然摒弃撩人心怀的浪漫,坚守着心中的爱情。

破镜重圆的景象是他们仍然兴高采烈地一起吃香草巧克力蛋糕,笑容显示了他们的心里没有裂痕。当年有外遇的女主角的母亲,坦诚劝慰女儿:"不用因为外遇而离家,就像我的外遇,我们至今仍有联系,但是并不妨碍生活……"

外遇是古今中外的美丽错误,我们极力反对它,却总是难以预防。我们可以后退半步,正视它的存在,仍然坚持家庭和婚姻的完整,不要让外遇摧毁了我们的生活。

在某种意义上,外遇是一面明亮的镜子,照见了婚姻的缺点和人性的弱点,也照清了婚姻、爱情发展的方向。